借鏡德國

一個台灣人的日耳曼觀察筆記

劉威良◎著

ZUM ANDENKEN
AN DIE EINMUETHIGE
SIEGREICHE ERHEBUNG
DES DEUTSCHEN VOLKES
UND AN DIE
WIEDERAUFRICHTUNG
DES DEUTSCHEN REICHES
1870–1871

各界好評（依姓氏筆畫排序）

念護理出身卻越界踏進動物治療專業領域，離開德國護理工作轉了個彎，又跑去照料德國失智老人。是媽媽又身兼德國台灣協會會長，威良在德國生活二十多年是她古道熱腸又急公好義的心領著她，不斷翻轉出每個階段精采的角色。

在她深入探索德國的各個面向，有著台灣當前最令人關注的——核能、流浪動物、自由民主人權議題等。在《借鏡德國：一個台灣人的日耳曼觀察筆記》一書，威良有精采深入的觀察與記錄，值得推薦給你。

——皮爾斯夫人（《夢想德國》作者）

外國的月亮果真比較圓嗎？長居海外的人其實知道，外國月亮不盡然完美，但也有它靜好可愛的一面。威良因生命中的機緣與德國優質生活環境而定居歐陸，在新故鄉遭遇過挫折，同時也逐漸能欣賞日耳曼與原鄉不同的價值觀。她希望點醒某些人對德國的盲目崇拜，並費心介紹德國綠能與教育等，作為台灣借鏡。這位台灣媳婦始終心繫台德兩家鄉，透過她率直明快的文筆，相信能讓國人更深入了解德國，一窺這個世界強國如何努力地打造出人間桃源，國家富強，人民也能有尊嚴而和樂地過活。

——林莉菁（旅法漫畫家）

從沒真正見過威良，但這未見絲毫阻擋不了對她的熟悉，因為在多年對她的報導裡，我知道這位同鄉在異鄉的鉅細體驗，都一再地以她特殊的方式回饋給台灣。如果要問人有關德國在各種生活層次裡的細節，並拿來跟台灣相比，威良一定是不二人選。在跟她同樣經歷留德、遠嫁並成為高齡媽媽後，我誠摯推薦並熱切期盼分享她新書裡的心得。

——胡蕙寧（「自由時報」駐歐洲特派記者）

敏銳書寫旅德生活點滴，令人反思。女性體貼心思，視角融入當地生活；關照育兒教育、老人照護、動物保護、綠能等，議題鮮活。

不只如此，讓我們認識德國：從二戰至今，經濟發展再創高峰、經歷兩次集權禍患，徹底清理歷史，不斷反省過去，迎向未來；此外，她告訴我們更多，我們為旅外的台灣女性說聲：讚！我們以「台灣媳婦」為榮。

——曹欽榮（台北二二八紀念館、綠島人權園區參與規畫者）

因為足球、啤酒、旅遊，許多台灣人喜歡甚至嚮往德國。德國到底長什麼樣子？有什麼值得我們借鏡的？這本書提供了許多答案。當然不是說德國人種了一朵太陽花，我們就馬上要跟著種一朵更大的太陽花。但作者指出許多德國路徑，值得我們思考。美國都勤勞竊聽、監看德國了，讀者不用非法繞路，閱讀就是。

——陳思宏（作家）

本書深入淺出，以一種與朋友聊天的筆調，寫出台灣與德國之間的價值差異、制度設定的種種政策，讓台灣當局有所借鏡。

台灣與德國之異同，有歷史的背景，在討論問題優劣良莠有時候因基因的不同而很難去比對。作者很成功的將可比對的價值，描述在其作品中，讓讀者自己去取捨，而少有自我判斷，且以事實面呈現。

——劉辰旦（凌克港灣股份有限公司董事長）

作者劉威良藉由此書架構起一座銜接兩地的橋樑。橋的一端緊拴住她出生、成長，眷顧、熱愛卻也讓她深懷不安的家鄉；另一端以平實的文筆，刻畫出戰後從廢墟建起的德國，其所倚恃的各種基礎面相：政治、經濟、社會、教育、弱勢族群與非人類動物的權益保障。傾讀此著作，闡釋出追求真善美目標的精神。

——蔡丹喬（德國動保聯盟會員、海外推動制定台灣動保法主要發起人）

威良二十多年真實深刻的德國生活經歷，以及她長久以來對台灣這片土地的深愛與關懷，點點滴滴集結成這本書，幫助想更深入了解德國人文與社會的朋友，認識另類德國，引導新的價值觀，跳脫習慣的社會框架，對台灣未來有新的期待。

——蔡珮眞（慕尼黑福福茶館主人）

作者威良是我大學學妹，我們年輕時德國病順應潮流大大流行，但我們這群只有威良真的出發去德國。她謙虛地說本書不是最深入、最特別的一本，但是透過她的個人特質和豐富履歷，沒有第二個人可以像她那般不鄉愿、不諂媚、不自卑、不迴避的告訴讀者，異國人與事的衝擊和反省。她寫的這本絕對是最真誠、最實用的德國之鏡。

——盧誌明（醫學前線社員、泌尿科醫師）

從旅居德國的各種生活小細節想像台灣，作者傳達了關心台灣前途，想要和鄉親同胞分享進步思潮的迫切感。

——蘇正平（新頭殼新聞網站董事長）

■推薦序

勇敢的新女性，在德國譜出台灣之美

鄭進發（台灣旅德書法家）

威良首次與我聯繫，記得是透過德國台灣協會中區會長阿杜，邀請我到茵果市每年舉辦的國際文化節，從事台灣文化代表節目之一的書法活動。

然而二〇〇九年春，我們第一次碰面，地點卻是在比利時的文化城布魯日。因為在那年比利時主辦的國際健走大賽中，台灣是主題國，所以很多住在德國的台灣同鄉，都熱情地坐遊覽車一起前往為台灣團隊加油。

當時一碰面，威良就立刻把往返科隆ー慕尼黑的機票交給我，她的幹練和阿沙力，讓我印象十分深刻。雖然當時我還沒料到，眼前這位樸實、誠摯，很有台灣味道的女士，就是將來幾年中一起發揚台灣文化的重要推手。

德國各地所舉行的國際文化節，其實是德國為了促進族群融合，每年所舉辦的節慶，南部地方常是一整周。各國來的移民，都有展現他們母國文化的機會，而台灣的同鄉總是辦得很賣力。威良安排我做幻燈片書法演講、即席揮毫、書法研習，甚至到小學和幼兒園去帶孩子們直觀地揮寫甲骨文。內人吉娜也常被邀請做台灣茶道示範及講解，有時則演奏古箏。

連續幾年來和威良的合作十分順利，她還邀請麻豆來的「十二婆姐陣」，以及捏麵人、畫糖人到茵果市等地表演，都受到很熱烈的歡迎，還常常登上德國報紙的版面。

但是，如果以為威良「只是」在發揚台灣文化，那就太小看她了。當她當上台灣協會的全德會長後，就一連舉辦了「二二八的追思會」、「德國轉型正義的觀摩」等活動，邀請蘇正平先生和林莉菁小姐來談媒體與台灣政治，和台灣數十年不變的殖民式愚民同化教育，在法蘭克福或柏林的兩場，都有很大的回響。近期的活動，則是協助在上述兩城的太陽花學運。

當她說要出書，原先我自告奮勇說要幫她寫序，但當我開始讀書稿後，信心卻動搖了。因為相較於敝人在這擁有百萬人口的科隆市中的「隱居」，威良對自己二十多年的德國生活，卻是全面性的投入。她所關懷的範圍也是宏觀性的，所以她可以寫德國的語言、生活、教育、醫療、社福、動物保護、綠色能源，乃至德國人的性愛觀等等，這都是身為護理師的她二十幾年來的親身經驗。

透過本書，我們可以看到一位勇敢的台灣新女性，在異鄉德國展現台灣人堅韌的草根生命力，倒了又爬起來，持續正面地迎對現實人生。她說她多年來的隨手寫作，是一種療傷止痛的過程。但我覺得她透過長期的社會觀察與書寫，已把德國轉變成她的故鄉了。

■自序

寫給我愛的台灣，一本德國觀察筆記

這是我自己，一個台灣之子，在德國生活了二十多年的經驗與觀感。我是一位四十多歲的母親，因為學生時代的愛情而來到德國。我曾當過大學生、清潔工、受欺壓的勞工與婚姻不幸的人，也嘗試過中文老師、精神病患照護者、養老院護理人員、醫院裡陪伴病人檢驗的伴護人等工作，最後找到終身伴侶而成為高齡產婦、母親。

在德國被當得最慘的是考汽車駕照，應試時用德文考的駕照理論可以得滿分，但路考怎麼會七次都沒有過，還因此花了約台幣二十四萬元（六千歐元），這又是怎樣的信心打擊？在德國當過這麼多的角色之後，我想把在這裡的生命歷程分享給大家。因為一直以來常聽說有人對德國很著迷，但願我的分享能讓德國迷們更了解德國的全貌。

德國病

「德國病」是一位熱愛德國的朋友所發明的詞，她說她們一群熱愛德國的人都有為德國著迷的傾向，因為無法化解這種傾向，所以只好經常來德國尋夢，因此自稱是得了「德國病」，我覺得這個說法很生動。我當初會來德國，也是因為我的第一任男友有德國病，他計畫他此生一定要到德國進修，而當年對美國比較熱中的我，就是為了他才轉換跑道到德國來的，所以他的德國病也促成了我與德國的緣分。

從二十四歲第一次踏上德國這塊土地起，迄今已二十多個年頭過去。那年，在微帶著寒意的秋天，檢查我護照的帥哥海關，現在大概已是個帶著啤酒肚的中年人，而我也不再是從前那個傻傻地、帶著憧憬幻夢的年輕女生了。二十多年來，我跟德國結下了許多的愛恨情仇，因為不希望大家犯了與我當年一樣的錯誤，所以我想把這二十年的所見所聞記錄下來，跟有「德國夢」的朋友分享。

二十多年前，因為被德國工業一級棒的光芒所蒙蔽，我帶著幻想，傻傻地以為德國的醫療環境一定也比台灣好，工作也絕對比台灣輕鬆，因而在職場上吃足了苦頭。身為精神科護理師與德國台灣協會會長（二〇一二至二〇一四）的我，在這二十多年的留德期間，看到了許多跟當年的自己一樣，抱著夢想來到德國，卻過得不甚如意的人。甚至還遇過不少不會德文或對當地語文毫無準備，僅因想圓個德國夢，就與帥哥結婚生子，之後卻慘遇先生劈腿，加上沒有謀生能力，因而陷入生活貧苦又無人能傾聽安慰的困境，尤甚者，還因此失去理智，犯下殺人和自殺的大錯，造成人倫悲劇。而有些學生則是適應困難，加上無法完成學業與衣錦還鄉的夢想，最後導致精神崩潰的案例。

平心而論，德國確實很好，不然我不會留下來，但要知道，在台灣你被踩到腳與在德國被踩到，心情、感受絕對不同。在台灣你可以擺個臭臉回罵對方，但在德國，要開罵也得要先找對用詞。所以，有特殊專長的、想交男女朋友的、想學語文的，來德國前最好先有個基本認識，並且要有心理準備，德國「絕對」不是一個好混的國家。

首先是環境，十二月到翌年二月，是德國最難挨的季節，不僅很冷、冬夜又很漫長。冬天下午五點不到天色就一片漆黑，隔天得到早上八點天才亮，所以德國的憂鬱症病人都要曬日光燈來治療。不過，這或許也跟德國人追求完美的個性有關。

德國人跟台灣人在個性上差很多，台灣人什麼都可以，差不多就行，但這對德國人來說幾乎是無法想像的。例如，若他們問你要喝什麼，茶還是咖啡？我們怕麻煩對方，就會說：「都可以。」但這回答可會讓德國人萬分錯愕，因為茶和咖啡差別很大，怎麼可能都可以？要知道，德國並沒有「差不多」這個概念，德國人無法接受模稜兩可的說法，而這也讓他們的生活沒有模糊、灰色地帶。所以，在德國我學會了遇上吵架、爭議時，一定得對事不對人，才能不卑不亢，理直氣壯。

台灣人，老覺得自己很卑微，在國際上不被承認，好像什麼都比不上德國的好。但那是因為你不知道，台灣雖然不是很有名，但你每天用的漢字，對德國人來說是無價至寶，而台灣年輕人不太愛喝的烏龍茶，在他們眼中可是珍饈名品。

當年來德國前，台灣對德國全面而深入的介紹鮮少，想要在台灣書店找到一本德文字典都很難。為了讓許多得此病的人能得到症狀的緩解，我二十多年來的德國生活經驗談或許可以讓大家更加了解德國。

我曉得在台灣，已經出版過許多德國經驗分享的書，不敢說我這本最特別、最深入，只希望透過我的觀察與觀點，能讓大家平心、平實地看待德國。確實，它有很多優點值得我們學習，但也有不少是台灣優於它的地方。

德國所有的優缺點都有它形成的脈絡，唯有懂它的脈絡，才能以持平的心情看待它的美麗、可愛、可惡與矛盾。「德國」聽起來很軍國、很有紀律、也很高尚，但是它到底有什麼地方好、有什麼地方不好，而當我們對德國認識得更多，或許也會讓我們對台灣更加有信心。

最後要衷心感謝旅居瑞士的水美堂茶館女主人周孟霖女士，不僅多年來受邀來德國示範茶道，以她社會學與德國文學的豐富學識暢談與示範茶道豐富歐洲對文化交流的嚮往，更在我們活動中鼎力贊助，俠女義情令人感動；並感謝杜淑真女士，鼓勵與肯定小輩所推動的文化與民主人權協會活動，讓我們可以繼續堅持下去。也感謝所有寫推薦的朋友，更感謝疼惜愛我的家人，給我的支持與鼓勵，不勝感激。

一九八九年持有台灣護理師執照
一九九三年得到德國護理師認證
旅居德國的護理師
德國台灣協會會長　劉威良

目次

213 柒、從德國看台灣

壹 工作在德國

大開專業者的就業大門（Zuwanderung in Deutschland）

最近上街買東西，排隊結帳時一位皮膚黝黑、身穿黃色西裝翩翩有禮的中年男子，剛好站在我的斜前方等候結帳。當時售貨員正在結帳，在他背後等了半天，我很想插隊問一下售價問題，又有點不好意思。當售貨員替前一位顧客結完帳後，輪到他，我用德語跟他說：「可否讓我先簡單問個售價？」他很有禮貌且溫文儒雅地用英文說：「很抱歉，我聽不懂德文」然後讓開位置，讓我問了問題。這位風度翩翩的黑人紳士令我印象深刻。我想，他應該是位遠從國外被奧迪汽車公司聘請到茵果市（Ingolstadt）來工作，擁有相關專業的人才吧！我暗自慶幸，茵果市終於不再是一個只有鄉巴佬的城市了，奧迪汽車工業所帶來的國際人才，也將替這個城市帶來一番國際化的新氣象。

德國近來陷入人才荒，各行各業都在急徵世界英才。德國勞工的工資高，而外籍勞工的薪資，也與國內勞工一樣高，因為政府規定企業不能用較低的薪資聘用外國人，以免降低國內勞工在就業上的競爭力。看來德國企業界的缺工問題已經到了燃眉之急，否則政府不會這樣大方開放國門，以優勢的條件向全球菁英招手。

但來到德國闖天下的外國人，如果沒有一點德文基礎，也是行不通的。因為在工作上或許還可以用英文和同事溝通，但面對一般顧客時，通常德國人是很少願意配合說英文的。因此在這樣的情況下，德國老闆會希望外國員工趕快把德文學好，以儘快讓工作上軌道。所以想要在德國工作，學會德語是必需的。我的鄰居就有一位從西班牙來的年輕工程師，他的德語說得很好，態度也彬彬有理。我的德國公公最近對孫子講了一個笑話，描述一隻小老鼠被貓盯上，所以急忙跑回家，小老鼠氣喘吁吁地對牠的爺爺說：「外面有一隻大貓守在門口，怎麼辦？」老鼠爺爺神情若定地走到洞口，模仿狗的聲音汪汪大叫了好幾聲，結果貓咪就被狗叫聲給嚇跑了。後來老鼠爺爺回過頭對小老鼠說：「看吧！學習外語是一件多麼重要的事情。」

德國雖然制定了持有藍卡的工作移民政策，卻仍不願稱因為這個政策來到德國的外國人為移民（Einwanderung），而是稱他們為新遷入（Zuwanderung），這是為了有別於長久居住移民（Einwanderung）。移民這個字眼，在德國這個害怕陌生人的國家來說，是選舉的票房毒藥。德國實施工作移民這個政策，就如同開放專業移民的美國與加拿大等國家一樣，但德國自古以來就沒有移民的傳統，也一向定義自己為非移民國家，所以在政治上使用「新遷入」這個詞，會讓民眾比較安心，也讓政客們在選舉時不會喪失選票。自創新遷入的說法，好像可以使大家放心些，其實這只是鴕鳥心態，因為事實上這就是移民。

至於德國為什麼會欠缺專業人才，這是一個值得探究的問題。與台灣很不同的地方是，德國將近三分之一有資格念大學的中學畢業生（Abiturienten）不想念大學；超過一半以上的中學畢業生，選擇晚一、兩年再進大學，這當中有的先去企業實習，為未來的正式工作鋪路，而家庭經濟狀況較好的學生，則是在畢業後先去遊學一兩年學習外語之後再回來念大學。像台灣學生這樣在高中畢業之後一氣呵成念完大學的，不是多數人的選擇。

很多德國人的想法是，大學畢業後出國幾年所留下來的空白，會使自己在應徵時讓老闆留下不好的印象，所以選擇在上大學前就先把外語學好。而德國的非特殊專業人才、技術人才都有一套嚴謹的訓練制度，有證照認證，薪水也不錯，所以大多數的人，不會以念大學為學習的目標。況且，做完職業訓練後，若想念大學，只要再補念專科中學，畢業後還是可以轉念。不過整體來說，德國念大學的人還是少數；在各個行業各司其職，安分就業者多。

另，德國少子化的問題與台灣一樣相當嚴重，德國政府已預見，在未來初估將缺五百萬左右的勞動力，所以，正積極開放就業大門。

◀德國現在是歐元區的中心領導者。

◀德國工業傲視全球，其中又以賓士最廣為台灣熟知。

▲▼德國念大學的人少，在各個行業各司其職，安分就業者多。

勞工權益，上班前先打聽清楚

剛來到德國時，覺得他們的公共建設與交通都比台灣好太多了，因此對德國人也不由自主地有了先入為主的好印象，所以不會想到他們也有耍詐的時候。我剛開始在德國工作時，就遇到很過分的精神科護理部主任，他在我半年的試用期快到時，突然說我不適合，要我走人。我告訴我的同事後，他也覺得很不合理，並告訴我，通常如果不適任在試用期滿的兩星期前，就要知會受雇者，不能太晚告知。還說醫院有個維護員工權益的單位（Betriebsrat）負責接受員工申訴。如果有狀況，就到那裡尋求協助。

經過他這麼一說，我就像吃了一顆定心丸，心裡不再那麼七上八下，不知如何是好。那次與精神科護理部主任談判時，旁邊還坐了我們的護理長。談判當日早已過了試用期限前兩周的規定，她當時說服我自己寫離職信，還說這樣以後要再找工作較容易。我不疑有它便答應隔天繳交。就在我想離開時，她竟要我馬上在她辦公室裡寫離職信，我覺得非常奇怪，向她找個托詞後直奔Betriebsrat的辦公室。還好我並未簽字，他們幫我聯絡醫院的護理部主任，這位護理部主任非常明理，她先幫我調到其他科，並且安排免費的一對一德語老師幫我補習德語。她希望我在德語能力夠好之後，再回到精神科工作，這個優待也讓我受寵若驚。當我補完德語後，再回去工作的單位是這位精神科護理部主任的另一個部門，這麼做是為了避免同一個護理長對我有偏見，但這場調度一點也不影響精神科護理部主任的權力施展。雖然我的努力，大家都看得到，但仍每天戰戰兢兢地過每一分鐘，我總覺得上班時的每一分鐘，大家都瞪大眼睛在觀察我，看我做得好不好。這個病房的護理長，雖然不像上個護理長那樣脾氣古怪，但在上級的指示下，在我第二次試用期即將屆滿時，這位護理長仍表示她不放心我在單位裡做事，沒有讓我通過試用期。

聽完護理長的這個結論後，雖然我心裡早就有數，但一時之間還是不知該如何是好，覺得他們一定是因為我是唯一的亞洲人，所以歧視我。當我回到病房時已經毫無上班的心情，那時剛好看到病房裡一位平常頗善解人意的女醫師，她看我情緒低落便找我談，我說著說著控制不住情緒，在她面前大哭，像個小孩一樣無所適從。她善意的眼神讓我覺得像與大姊姊談天一般地自在，她說她以前工作也曾經有過類似的挫折感。聽到她也有同樣的經歷，讓我寬慰了不少，因為至少他們對自己人也是這樣。當我知道沒有通過試用時，距離試用期結束還有一個星期，照理說我還要在病房上一星期的班才能調單位，但滿腹的屈辱、不滿與被監督的感受，讓我疲乏地根本無法再走進精神科病房工作，我像是滿身受挫的野獸，即將倒下。

之後我跑去找醫生，訴說我無心無力上班的心情，幫我看診的家庭醫師了解狀況後，知道我心理壓力過大，再回原單位工作並無意義，因為那只會加重我的心理負擔，就幫我開一個星期的病假，從此我就消失在此醫院的精神科了。到現在我還是非常感謝那位醫師幫我開的一星期病假單，那對我來說是最大的解脫。所幸，在調職期間，伴送病患的部門也需要人，我就自願請調到那個單位。後來，和我在精神科病房很熟的同事跟我說，那位精神科護理部主任的胡作非為已經讓醫院主任受不了了，所以在不久後就把她降職為病房護理長，而不再是精神科的主管。

這是我在德國的第一個正職全薪工作，雖然過程很不順利，但體制的完備，讓不管是不是本國人都有一樣的申訴權益，他們傾聽外國員工的聲音如本國人一樣，這是我比較佩服德國的一點。因為有過這樣的經驗，也培養了我在搬家後，再次尋找其他工作的勇氣。這次的經驗，讓我對德國的社會體制與勞工權益更為了解，並且知道當我日後感覺事情不對勁時，要秉持著堅強的意志，靠自己去爭取權益，鄉愿與委曲求全的處事原則在這裡並不適用。如果我當初乖乖地簽字，被認為是在自動請辭但實為炒魷魚的情況下離職，我將喪失請領失業救助金的可能，對自己沒半點好處。下次再找新工作時，若被新雇主看到是在試用期滿的前幾天自動辭職，新雇主猜也猜得到是被假炒魷魚，這對爭取下一個工作根本沒助益。沒錯！那位精神科護理部主任以為我是外國人不懂，想矇騙我，所以更不能那麼蠢，上了她們的當。

很多人曾問我德國有沒有種族歧視的問題，我總是覺得那是他們自己也不能接受的事，因為他們有納粹屠殺的歷史包袱，這讓他們在處理外國人的問題時更為謹慎、更能就事論事，以免落入歧視的成見中。在周全的社會福利措施與勞工權益保障下，弱勢族群在受欺壓時不必逆來順受，而且有體制可制衡，是一個多元化的社會中最主要的基礎。

▶德國的勞工局招牌。

▶德國勞工局的大門。

最新德國就業市場薪資資訊

工作移民在德國已經合法，甚至也已有專業人力的移民制度。

藍卡工作持有者

具有專長的工作者與德國大學畢業及德國承認的國外大學（學院）畢業者，可以申請工作的許可。德國有專責機構，可以查核該國外大學是否被承認或承認同等學力的學位，如果申請者的大學（學院）不在名單中，則必須自費申請對該校的評估與檢驗。

高級專業人員與缺乏人力的產業

外國人如果符合一年年毛收入四萬六千四百歐元，或一個月超過三千八百六十七歐元，可入聘來德國工作。

另外，嚴重缺乏人力的產業則規定：年毛收入三萬六千一百九十二歐元，或月收入三千零一十六歐元者即可。這些行業有：自然科學研究人員、數學專業人員、建築師、市區空間及交通規畫專業人員、設計師、工程師、工程師學科專才、醫師（非牙醫）、學院畢業之資訊與通訊技術專業人員（Naturwissenschaftler，Mathematiker，Architekt，Raum-，Stadt- und Verkehrsplaner，Designer，Ingenieur，Ingenieurswissenschaftler，Humanmediziner (nicht：Zahnarzt) sowie die akademische Fachkraft in der Informations- und Kommunikationstechnologie。）。

在申請簽證時，有德國大學畢業的證明及年薪資超過以上標準的證明即可。若是國外大學畢業，則需要附上勞工局Agentur der Arbeit的證明才能申請工作居留簽證。

找工作的半年簽證

自二〇一二年八月起，德國大學畢業或受承認之國外大學畢業的外國人，可在德國申請到尋找工作的半年簽證，而尋找工作居留期間不允許工作與從事開業行為，這段期間的居留也必須有一定數額的存款證明。

而人正在德國念書，畢業後想繼續在德國延長居留找工作者，只需要向相關的德國外國領事處或類似機構辦理相關證明，就可以於畢業後在德國居留延至十八個月的時間尋找工作。

護理尖兵變逃兵

我是一個護理界的逃兵，雖然熱愛幫助別人，但卻不願意被人當作魚肉任人宰割。身為護理師，我曾在台灣執業兩年，也在德國執業過六年。後來我進德國大學念成人教育課程，也成家生子了。今年（二〇一二年）我四十五歲，不想再上輪班的工作；不想再因為工作時的人手與時間不足而把自己的身體搞壞；不想再折磨虐待自己，所以我向護理界說拜拜。雖然無法繼續在醫療界奉獻心力有點可惜，不過對個人而言，卻是好事。

回想當年，我仍是年輕的護理尖兵，關心病患的同時，也和大家一起爭取夜晚加班費。在德國從事護理人員的工作並不難，但德國也像台灣一樣缺乏護理人力，且時薪只比清潔婦多三歐元。在照護機構中，還要以一個人的力量，協助高大自己數倍的一百公斤病人翻身，沒有輔助器可以使用，所以經常累得汗流浹背、腰痠背痛。連餵病人吃飯，也變得職業化，只為了講求效率而無法顧及病人是否吃飽，因為對一般護理人員來說，餵飯就是餵完的意思。看著病人被綁在輪椅上被強迫餵飯，雖然病人已經吐出來好多次，但還是得吃完，實在毫無人性可言。制式化的規定，還有時間的緊迫與講求所謂的效率，讓熱情的護理尖兵無法再以熱情從事護理工作，最後只有選擇出走。

為了經濟效益，臨床上只需要沒有良知與想法的護理機器人，一群想繼續待在護理界的專業人才都逃去當老師或管理人員了，看著新走進臨床受苦的學生，心裡雖然感到辛酸，但礙於大環境使然，大家也只能嘆氣。不能罷工，不能大聲怨歎，護理注定是個悲情的行業。

台灣也找不到人——兩年護理課程，何來專業？

護理界的臨床人力，需要的是學有專精、務實於臨床工作的人員。臨床人力之所以有很大的消耗性，在於工作環境的不佳、身心的耗損與報酬不成比例。而台灣研擬舉辦的學士後兩年護理系，到底能讓人學到什麼？若只為了增加工作人力的投入，還不如以雙倍高薪禮聘，讓在台灣擁有護理師執照而未執業的十萬護理人員回鍋。

德國是首重實務的國家，護理人員的訓練，以高中生一年級（十年級）的年齡、有中等學校（實科中學，Real Schule）畢業的資格，即可申請就讀。護理訓練是三年，且要通過實務考試才能拿到執照。德國護理工作的薪水在未扣所得稅與各項保險前，大約一個月可以拿到新台幣十萬[1]（約二千五百歐元），以德國全國平均月薪約九萬六千元台幣的薪資來說，已屬偏低，所以護理師也是德國近年來大舉鼓勵各國專業人士移民德國工作的重點行業之一。

護理人員在世界各國來說，都是備受爭取的專業人才。台灣許多大學畢業的護理師，因臨床工作的特殊性與報酬不成比例，多轉往教職工作。現今大學畢業的護理師領有執照卻不執業的比例，比其他專業多許多，可見教育資源的浪費已然形成。然而台灣現在又聲稱為了要解決人力，欲設立學士後護理系，這制度只能讓轉教職與行政工作的護理人員增加出路，對臨床缺乏人力的情況來說，可以說是沒有太大的意義。策畫設立學士後護理系，把護理照護訓練速成為兩年，不知有任何可行的根據？

德國為了確實達到護理人員的專業訓練，近年來也有大學設立護理學系，其養成教育為三年。德國另外也有兩年的護理訓練課程，這是屬於護佐類非專業護理人員的訓練課程。在德國不需要實用中學畢業的學歷即可申請就讀護佐課程，這是屬於勞力的工作，不能執行給藥、打針等專業工作。

台灣的學士後護理人員，該如何定位？兩年的學識與專業教育都不及大學四年的護理教育課程，而學士後護理系的碩士優勢學位，更容易造成學士後護理人員眼高手低的現象。兩年明顯不足的訓練，可以僅因念了不相關的學士學位而領與長年賣力於臨床工作的護理人員一樣或更高的薪資嗎？這樣不但打壞勞動市場行情的設計，也將造成長年臨床護理人員心理的更加不平衡，不僅無助於更多的人力投入，也是給在職人員更大的打擊，造成更多人力流失。設立學士後護理系僅飽了學院裡教務與行政學者的荷包，卻犧牲了臨床護理人員的權益，何苦來之？

注1／本書匯率統一為：一歐元兌換新台幣四十元。

▶關懷茵果市Caritas老人院居住的老人。

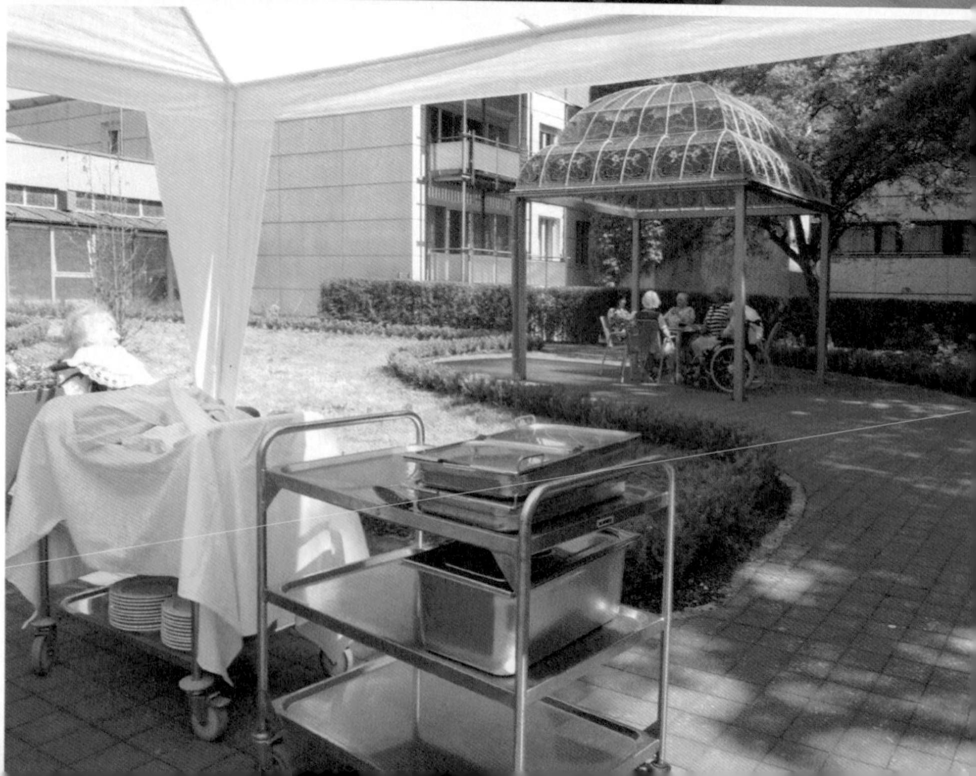

▶茵果市Caritas老人院的庭院。

台灣發明無薪假，德國政府提出有效政策打造勞資雙贏

——德國勞動權與台灣的比較：減短工時，有效補助勞工政策，共度金融危機。

德國的勞動權普遍比台灣好，因為他們是經過了一百四十多年的努力。沒有經過衝擊與思考，社會不會演變，權益也不可能從天上掉下來。過去的人流血、遭鎮壓，才有今天德國勞工相對較為優渥的權益。現在台灣勞工的籌碼很少，還得同時面臨產業出走與經濟導向的社會價值觀，台灣勞工要得到相對合理的薪資與勞動條件，更要有相當的覺醒。

德國的勞動福利一般是：一年有二十六天的假，每工作一年就多一天的假，最多一年可以有三十天的休假。殘障就業者可再多五天的休假，但需個別勞資商議。通常一般行業有半年的試用期，試用期中的任一時間點可由勞資雙方取消工作契約，但最晚須在試用截止前兩周告知。未滿十四歲禁止工作。

失業者有六〇～六七％的失業給付[2]，被迫失業者可以有一年的失業給付保障，而自願辭職者是九個月；婦女勞工有產前六周、產後八周的產假，產假期間薪資照領，這筆費用由健保與資方共同給付。產後有三年的育嬰假，育嬰假期滿後資方不可以拒絕其返回職場。孩子的父親或母親都可申請育嬰假，為了照顧孩子無法工作而申請育嬰假的父親或母親可請領薪資淨所得

六七％的給付長達十四個月，但每個月的上限是一千八百歐元（約七萬二千元台幣）費用全由國家支出。

在二〇〇八年全球爆發金融危機之後，德國提出了「減短工作時間」的政策，為當時人心惶惶的社會注射一劑有效的安定劑。政府相關部門並簡化減短時間工作的申請與延長其期限的優惠措施，對企業界的失血提供不少助益，而員工在「減短工作時間」期間可以接受再教育，並請領如失業期間所得至少六〇～六七％的工作淨所得，這個政策不但有效降低社會不安，並且能夠保障員工權益，而之後德國經濟再度的復甦，也證明了這些政策確實奏效。

俾斯麥在十九世紀時為了鎮壓勞工的抗議，曾不惜動用武力鎮壓，但抗議人數有增無減，政府為了平息暴動，利用傳統的互助基金概念，在一八七五年重新分配社會資源，由國家補助基金，減少勞工負擔，避免窮困。當時德國也創立了第一個為勞工爭取權益的政黨——社民黨（SPD），社民黨堪稱世界最早為勞工爭權的政黨。時至今日，德國社會發展成了長期失業者可以有錢生活，卻沒工作可做的情況。勞動與金錢，成了不是必然的對價關係，這或許很荒謬，但卻是德國成為工業巨擘與社會福利國家後，產生的另外一個社會議題。

不過，德國有經費支持長久失業的人口，在於他們的品牌。有高度受國際肯定的品牌，就會有一定的高科技機械與車輛的生產，而德國就靠這九一％左右的人生產、繳稅來支持著長期失業者。

台灣在解嚴後，政黨因政治問題的歧見，使得社會能量幾乎完全耗在政治問題上，勞動的務實問題也因勞工的政治立場而分散運動的能量。台灣的失業勞工人數一直沒有很精準的數據，因為自願性的失業不在給付名單中，因此也無法有具體的數據可循，相對的也就無法確實反應人口的失業狀況。不管是不是自願失業，失業在台灣傳統觀念裡都是很羞恥的一件事，且多被認為是私領域的事，因此很少被社會重視，也不常被拿在檯面上討論。政府利用傳統觀念的陋習，把台灣勞工與外籍勞工的薪資壓縮到最低以討好企業家，再加上過去戒嚴與政治議題的無限上綱，都是讓工會疲弱不振的主因。

其實台灣現今的問題，在過去西方國家也曾經歷過，即使是現今德國政府因為經濟危機對企業用人與解聘做了制度上的調整，也已讓許多產業的工會不滿，航空與鐵路罷工消息時有所聞。對德國日漸下滑的福利，德國工會也時有再操兵的風聲傳出，準備隨時要應對企業藉機減低勞工的福利。而現今台灣社會因為引進外勞與企業出走等結構性的改變，使得台灣勞工失業問題日趨嚴重，勞工若能透視產業結構的改變，要求政府正向回應，爭取自己的權益、福利，不再被政治意識分散能量，才能爭取自己最大的福利，而不是成為企業的犧牲品。

注2／德國的失業給付是以在過去兩年中，有超過12個月的工作，且前一年至少有一百五十天以上工作者為補貼對象，無小孩者可以領薪資的六〇%，有小孩者領六十七%。

Qualifikation
Wissen

貳

教育在德國

12
MOBIL
UNIVERSITAT HEIDELBERG
PHYSIKALISCHES INSTITUT

德語，很難嗎？（Ist Deutsch schwer?）

看看標題文字字面上的比較，哪個難？中文的比畫難，而德語則像豆芽菜一樣，要一個老外來看，他一定會說中文難；對不習慣豆芽菜的中文人士來說，一定覺得母語親切簡易。這是一定的道理，難不難都是相對的，只是看人學不學而已。

「青中鎗」這是德國人學華人講中文，自己亂猜亂講的中文。我常常會遇到德國小朋友或青少年為了表現自己也會講中文，就瞎編這些話來問候我。剛來德國時，我總覺得他們說這些話，好像在侮辱人似的，現在我反而會調侃這些人說：「你中文講得真好。」他們就會趕快低頭說：「哪裡哪裡！」許多德國人覺得我這個老外的德語講得還不錯，但我自己卻覺得還不夠好，所以老是覺得他們在挖苦我。不過，在德國住久了，才漸漸發覺德語也像其他語言一樣，可由發音與結構及用語，聽出這個人的德語在哪個程度。通常正統語言班出身的人，文法底子好，也較能讓人看得出是有念書的人。到底德語難不難？我覺得難，但不會比中文還難。若常在生活中使用德語，就會不斷地學到新單字。我認為若只能以有限的單字來表達的話，德語反而比英語容易多了。

很有意思的是，我發現德語與漢字在造字上有許多相同的基本結構，這讓我感覺到德語與漢語是有那麼點共同的造字原則。例如他們的「護士」（Krankenpfleger）這個字，就是用「生病」與「照顧者」合成一個字，使用兩個單字成為一個「護士」的字，與漢字用「護」與「士」來造字的原理很近。如果以英文來說，我們就要多學一個全新的單字nurse，其造字原理完全不同。我個人的感覺是，德語的文法難，但要認得單字並不難。德語很多單字雖然很長，但都是幾個字合起來的，看起來長得恐怖，卻可從字面意思去推測字義，都是有邏輯可循的。相對的，英文文法簡單，單字不長，但很多單字都是要學才會使用，不能像德語或漢語這樣靈活拼湊。德語與英語有很多相近的字，所以有英文基礎的人來學德語，就一點也不難了，只是德語的文法比英文規定多許多也更嚴謹。

德語的字母與英語幾乎一模一樣，只多出三個字母，因此兩個語言的關係之親近可藉此看出。德語沒有音標，也較少虛字的字母，什麼字母就念什麼音，很少例外，所以即使是生字也幾乎看了就會念。德語比英語在發音上有更多的規則，文法雖然複雜，但也多有規則可循。常常德國人自己講著講著也完全不知道文法該怎麼使用，都是我在旁解釋給德國人聽，為何要用這個語格，不用那個語格。學德語也讓我開了一道新視野的窗，我總認為一生中多掌握一種語言，就是多開了一道窗。比如在德國生活，我很好奇他們的想法與生活，而要滿足我的好奇，就需要用他們的語言與他們溝通。尤其是和老人家聊天時，就只能用德語溝通。我也喜歡看德國電視中的談話性節目，內容雖然很嚴肅卻都很有知識性，如果遇到聽不太懂的，我就會再去買雜誌來看。當初不去美國，就是覺得台灣都已經快美國化了，何需再去美國。德國還有地理位置上的好處，因為德國位居歐洲中間，到歐洲各地旅遊都算方便，而且當時德國文化對台灣人來說還算是陌生的，因此我想知道德國到底強在哪裡？

像學任何語言一樣，都是要常講常練自然熟能生巧。我自己的感覺是，語言是工具，要練到用外語思考，講外語像變換頻道一樣，能達到這樣的境界就表示能掌握那個外語了。如果連做夢都夢到說外語，也就表示你對這個外語有一定的基礎了。這時我們就可以在心裡偷笑，自己的外語能力有點水準了！

◀德國美因茲出生的古騰堡，是第一位發明活字印刷術的歐洲人。

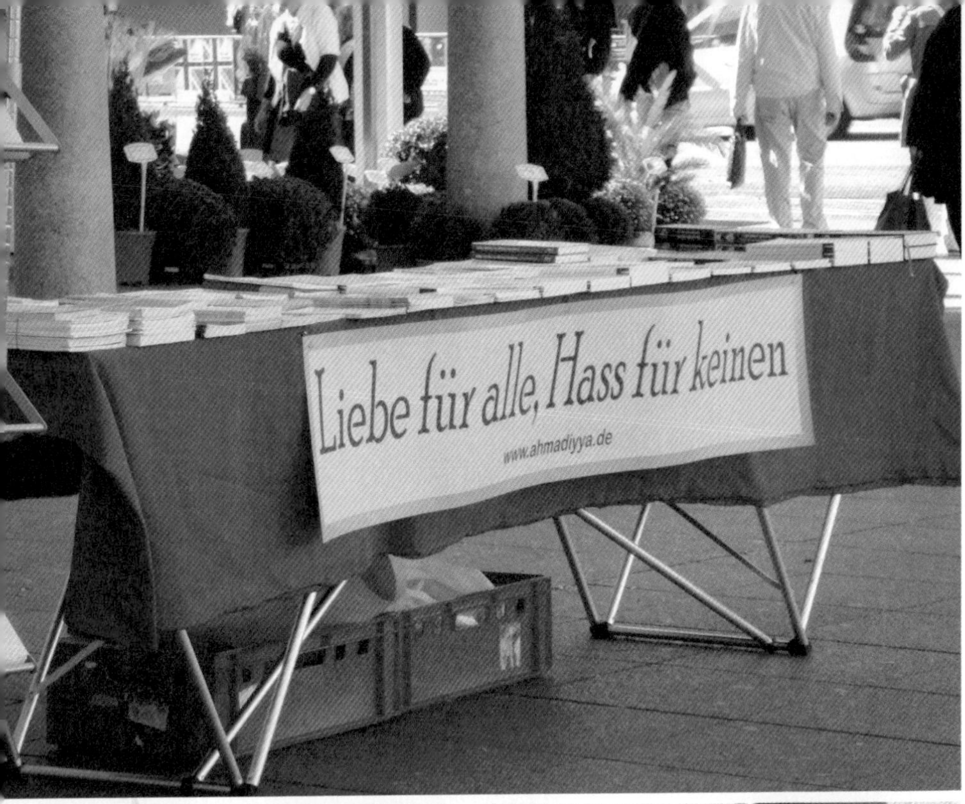

◀德文文法難，但要認得單字並不難。

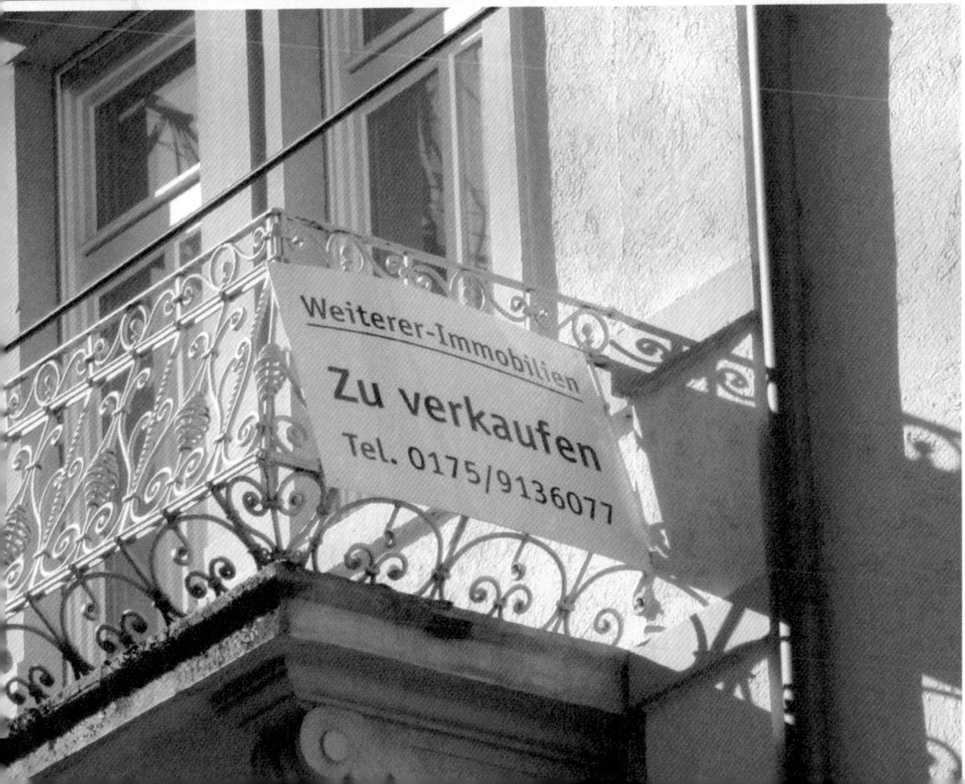

◀學會基本單字才能好好過生活。

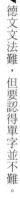

德國學校教育——ＰＩＳＡ是德國教育的痛

二〇〇七年十二月五日中國時報報導全教會對台灣參加ＰＩＳＡ測驗得到好成績抱持著質疑的態度，對外事務部副主任廖婉如認為「ＰＩＳＡ的設計以西方價值為主，易限縮於全球化的一元趨勢中……世界公認教育辦得很好的挪威與德國排名不理想，可見該測驗不代表一切」並說「沒有多年的縱向資料比較，不能沾沾自喜」等說法。

本人旅居德國十多年，對於全教會的說法不能認同。德國教育辦得好不好，很難說得準。如果以培養人民的品格來說，德國從幼兒園就開始重視人格教育，因此德國人多遵守規矩、誠實中肯、幾乎不會撒謊、不坐霸王車。如果以這點來看人格教育，德國絕對是世界數一數二。德國近年來為了ＰＩＳＡ的評比低落，深深了解到自己國家的學生能力不足，而開始想要大刀闊斧地改革，所以不能說ＰＩＳＡ沒有參考價值。二〇〇〇年的ＰＩＳＡ測驗讓德國丟盡了顏面，那簡直是德國教育界的大災難，因為在三十一國評比中，德國僅拿到第二十一名，也就是倒數第十名，如果換成是台灣拿到這樣的成績，我國的教育部長恐怕要辭職下台了。二〇〇三年的ＰＩＳＡ測驗，德國在四十個國家中拿到第十八名，而今年公布的二〇〇六年ＰＩＳＡ成績，德國則在五十七國中以科學素養能力拿到了第十三名。在ＰＩＳＡ的評比中，不諱言地提到德國教育最大的問題是學生程度差異非常大，這與學生所來自的社會階層有密切的關係。看到這樣的結果，雖然德國逐年有所進步，但德國政治與社會上的菁英份子仍認為有需要檢討與改進的空間。

德國國力強大，但民眾的科學能力落差卻很大，德國的高科技研究是由一群菁英頂出來的天下，而三分之二的普羅大眾則是練就一身能使用一生的專業能力及證照，這是維持德國社會安定的命脈。筆者的婆婆是德國人，她親口告訴我這個外國媳婦說德國人很笨、德國人算數很差、一點基本的常識都沒有。我很驚訝，怎麼會有人罵自己人笨呢？如今看到ＰＩＳＡ的結果，似乎真實反應了德國教育在培養科學能力上的不足。因為產業全球化的衝擊，使他們原來所受訓練的專業也受到影響，本來所擁有的專業工作飯碗很快地就被歐盟化後的東歐及黑工的低薪勞工給搶走，然而受限於教育體制的專業認證，使得他們很難再轉行，轉行的彈性與能力都明顯不足，因此德國人很少轉行，也很難轉行。

根據二〇一三年的調查，德國成年人能好好念一段有水準的文章的只有六成。文盲達到四％，部分文盲者甚至有十四％。且相較於其他國家，取得資格可以念大學的德國中學生比率只有四三・一％，也就是說德國所教育出來的中學生，有一半以上上不了大學。對於這個問題，德國教師聯盟代表表示，不應該因為國際趨勢，而對中學生造成更大的壓力，由此可見德國教師們極力地捍衛學生的學習權益。但負面問題是，德國中學生是全世界普通高中生中，受原生家庭影響比率最高的國家。約六〇％普通高中生的父母具有普通高中學歷，僅有八％的父母是最低程度的學歷，相當於台灣的九年級（Hauptschule，九年級畢業）。在二〇〇七年的統計中，德國有過半具升大學資格的高中畢業生是女性，可是大學生中卻以男性占多數。一般來說德國的教育問題，與家庭因素有著極大的關聯。

德國的教育制度規定學童在小學五年級時，就必須選擇自己的興趣項目並且分校接受教育，而僅有少數人在日後得允轉校，這等於讓大多數人在分校後就決定了未來及一生，也等於將來進不進得了大學，在五年級時就被決定了。這種制度其實嚴重影響學生的人格與能力的發展，也在德國社會引發極大的爭議。台灣第一次參加PISA時，得到了數學第一、科學素養能力第四的佳績，這是給台灣九年一貫教育的肯定。也就是說，因為PISA是西方國家設計的測驗，所以基本上不會有死背的題目，而台灣學子能拿到好成績，表示我國學生可以靈活運用知識，因此被西方的考題所肯定，這是件光彩而非常值得鼓勵的好事。對此我為台灣感到驕傲，台灣雖小，卻能以學生的科學能力受到國際肯定，比德國強上許多。如果德國拿到這樣的好成績，他們的總理與教育界人士一定會高興得睡不著覺，而全教會潑台灣教育的冷水，可見其對國際教育事務顯然不夠嫻熟，而亂發議論，實不可取。

◀在美因茲遇到的可愛姊弟。

學前教育（Kindergarten）

我的兒子丹尼還在幼兒園就讀時，有一天放學回家他很興奮地念著口訣，並伸出一隻拇指比一，接著另一隻手也伸出拇指比一，然後兩手拇指擺在一起說二，最後口中念著：「一一二，急難救助撥打一一二。」當天他還拿出我們廢棄的醫療急救箱裡的繃帶，有模有樣地纏繞給我看，並且很驕傲地讓我看看他得到的急救課程上課證明。是啊，我應該為他感到驕傲，因為他學到了人生中最重要也是最基本的一課，雖然他還不會認字也不會算術。

Kindergarten是英文「幼兒園」的意思，但此字其實是德文，德文的幼兒園正是Kindergarten，意思就是孩童花園。會用這個字當英文，可能是德國的學前教育發展比英國早或辦得很好的原因吧！

德國的學前教育，不能教算術，不學本國字母，主要是訓練孩子如何與人好好相處，如何自立不要賴，更不用說不教外語了。而特殊理念的教育方式，如蒙特梭利與華德福是可以在幼兒教育中實施的。托兒所所收嬰孩的年齡層是從嬰兒到年滿三歲前，主要學習自己上廁所、穿脫衣鞋及吃飯，還有與大家一起玩，著重在生活教育方面。自從我的小孩在兩歲不到時去上托兒所後，他就逐漸學會自己穿脫衣服與鞋子，而且還很引以為傲，不要大人幫他；足兩歲後，他也不再需要尿片。他的托兒所是市立的，位於小街的公寓中，在托兒所的正對面有一個花園，是屬於托兒所與幼兒園的，所以我常常接完小孩後，就帶著孩子直接到緊鄰的兒童遊戲場（Spielplatz）裡玩。

德國的幼兒園除了教導小孩如何懂得與人相處外，也提供安全的環境讓孩子大力盡興地遊玩，這是幼兒園的主要任務。他們對幼童並不特別呵護，而且規定孩童每天一定要到戶外呼吸新鮮空氣，即使是氣溫零下的冬季，父母還是要準備讓孩子外出弄髒可替換與保暖的雨衣、雨鞋，讓孩子可以毫無顧忌地在外面遊玩奔跑，不怕弄髒或受凍。孩子的衣物髒了、濕了沒關係，因為體驗最重要。幼兒園的老師會希望孩子有衣服可以換穿，讓孩子不必擔心因為全身髒兮兮而被罵，這是德國與台灣的幼兒教育比較不一樣的地方。

德國的幼兒園都設置有大花園，花園中有小屋，可以捉迷藏；有沙地，可以堆沙，沙地裡也有抽水設施，以及蜿蜒的水管讓水流出，讓小孩在夏天可以混水玩沙，讓孩子體驗沙與水的各種遊戲。沙地裡一定也有玩沙的各種模型、水桶，沙地上是自由想像的建築區，有城堡、河道、沙洲，還有一窩一窩不知道是什麼造型的模型，這裡是小孩最愛的地方。夏天時沙地上方有布幕可以遮蔭，冬天則可以在沙地區玩雪球、拉雪橇。幼兒園裡還有三輪車及鞦韆、用繩索編製可躺臥的鞦韆、泥土塑造的溜滑梯。教學上他們通常透過益智遊戲來教學，幼兒園裡都會有各種不同的桌上社群益智遊戲，像是迷宮、拼圖與拼接圖形遊戲，這些不需要文字輔助，卻可以訓練腦力。各種不同的拼圖等幾何圖形，也能訓練邏輯思考能力，比如在一個正方格中，要想辦法讓六到七個不同形狀的三角形、五或六角形的凹凸不一的幾何圖形，準確地排入小正方格中，有初級到高級的不同難度，也有連大人都要大傷腦筋的遊戲。幼兒園老師不需要寫聯絡簿給家長，他們的責任就是陪小孩玩、排解糾紛、訓練孩童守秩序。培養人格教育首重幼兒園教育，真的是沒錯。

幼兒園老師擔心孩子剛進托兒所和幼兒園時會不適應，因此希望父親或母親在剛開始入學時可以留下來陪同孩子學習，並每天減少一點陪同時間，等到孩子適應了再離開。幼兒園期間，老師不教孩子學習字母，而只認識自己的名字。他們花很多時間做手工藝、摺紙、捏黏土，學習用手完成各種好玩的東西，當然也會有唱歌、跳舞等表演活動。每隔幾個月學校還會安排戶外教學，例如去消防站了解消防隊員的工作或動物園。夏天則到戶外踏青並參觀附近的古蹟與博物館，而本城的Audi製車工廠，也是孩子經常造訪的地方。

幼兒園的孩童出外都是一起搭公車或火車，學校沒有校車，所以孩子上學時也是家長要負責接送。其實讓父母接送孩子，也是讓孩子與父母有相處的時間，同時也節省了校車的花費。德國的學前教育不會教算術，丹尼五歲回台灣上短期幼兒園時，因為幼兒園已教乘法，他聽不懂，上課時只能東張西望。到了中午又非得午睡，這令他感到厭惡。因為德國幼兒園的教育，是相當尊重孩子的，想午睡的人可以去睡，不想睡的孩子則必須到另一個房間，安靜地看畫冊、拼圖、做自己的事，不可以說話吵鬧。這讓孩子學習到因為自己被尊重，所以也會尊重別人睡眠的需要。不過托兒所的孩子都會睡午覺，午覺時間老師會講睡前故事，耐心地哄孩子睡覺。幼兒園老師有特別的事要告知家長時，會用口頭交代或郵件，爸媽在接孩子放學時就會看到。

丹尼的德國幼兒園，是基督教所辦的私立幼兒園，餐點與照顧的費用，一個月大約一百到一百八十歐元之間，沒有另收註冊費，有半天班也有全天班，費用不同。托兒所的孩童從幾個月大到兩歲都有，費用比較貴，大約是二百到兩百五十歐元之間（約八千至一萬元新台幣）；而台灣的幼兒園每學期需要一筆約新台幣一萬二千至一萬五千元的註冊費，再加上每個月的月費五千至八千元，平均一個月至少八千起跳，在德國所得高於台灣近兩倍的情況下，台灣父母的負擔等於是德國的兩倍。此外，德國還有兒童津貼[3]，一個孩子一個月可以有新台幣約八千元的補貼，但台灣沒有，所以台灣家長的負擔是更重的。另外，非以德語為母語的孩童會被安排上德語準備課，讓從外國來的孩子可以補足德語能力，通過語言程度鑑定後才能上小學。通常德國孩子上小學前都要先去健康局報到，由健康局的醫師鑑定該孩童的心智語言能力，並且查驗兒科醫師的健康檢查紀錄，以上兩項都通過後，才能拿到「健康通過證明」到小學報到。

注3／德國的兒童津貼第一個小孩是一百八十四歐元，第二個小孩也是一百八十四歐元（兩個小孩等於三百六十八歐元），到了第三個是一百九十歐元，之後每多一個是二百一十五歐元。

幼兒園是培養孩童品格的開始，而台灣面臨少子化的問題，各縣市政府不僅應該為鼓勵生育提供獎金，在學前教育上更應該減輕父母的負擔。孩子是國家未來的主人翁，只要國家人民的品德教育做好，即使將來不一定人人都會成為菁英，但也都會是社會的良材，基於這樣的理念，幼兒園教育確實攸關國家人民的素質，實有大力補助的必要。

▶二〇一一年，麻豆新生代舞蹈團在星星之家幼兒園，教小朋友學習婆姐陣的舞步。

▼茵果市的托兒所，孩子們在老師陪伴下學習自立與玩耍。

小學教育

丹尼念小學二年級時，有一天放學回家後，有點嚴肅地說：「我們老師說，德國過去是分裂的。」我很驚訝地想，老師怎麼現在就對二年級這麼小的孩子說明德國的近代歷史呢？雖然我自己也不知道何時是最適當的年齡。當時家中剛好有一張去柏林時買的明信片，上面有柏林圍牆的照片，他似懂非懂地聽我的說明，心情沉重了好一陣子。這是德國的歷史教育，小學二年級就會告訴他關於德國近代醜陋的過去。記得我在小學三年級時，有一天上課，坐第一排的我就看到老師攤開一張掛圖，掛圖上是亞洲地圖。老師指著一大片面積，告訴我們國土是像秋海棠的這個範圍，我還記得自己很驚訝，心想我們的土地還真大！當時年紀約有五十來歲的老師根本沒有提到台灣的位置。年事漸大，我才知道一直到我大學畢業時，國小老師們都還是用這張騙人的地圖在教導學生，台灣的教育要學童假想我們是一個擁有很大的土地面積的國家，然而台灣實際上在哪裡，卻完全不重要。德國的教育則不一樣，他們教導孩子接受真實的世界，接受真實的歷史，先幫小孩打預防針，以免小孩未來面對過去的歷史時，無從理解，並且讓孩子從身邊與最近的事物開始認識過去分裂的德國到後來統一的問題。

丹尼已經八歲了，就讀於私立的蒙特梭利小學三年級，一學期一個月的學費是一百四十五歐元，學校都是中午十二點多左右下課，星期五則是十一點就下課了，該校下課後有營養午餐與安親班，家長可依需要選擇訂營養午餐或是直接回家。參加學校內附設安親班的孩子，也會有一位老師在安親班課堂上輔導孩子，並輔導孩子寫課後作業，安親班的學童可留到下午五點半。營養午餐與安親班費用另計，學童在安親班待到下午四點及午餐費用是一個月一百八十歐元左右。德國公立學校學費全免，現今大多也有全天班，下午的課多半是寫作業到下午三點半。我們家附近的公立小學旁是社區活動中心，社區活動中心內附設有廚房，學校外包的營養午餐，就在那現煮供應給一百五十位學童用餐，學生在中午分兩批到活動中心輪流用餐，很是幸福。

德國巴伐利亞邦的學童，在四年級以前只要家住離學校超過兩公里以上的，政府就會補助公車費用，上下學全免，所以丹尼自二年級以後就會自己搭公車上學、回家。學校外面也都會有寬廣的接送區，只有行人與自行車可以通過，因此家長接送孩童安全無虞。

德國的孩童都有義務在四年級時參加自行車駕照的測試，取得駕照後就可騎自行車上學。測試前警察會講解交通規則，包括交通燈號標示與禮讓右方來車等規則，並提醒晚上行車時必須有車燈，沒有車燈騎車屬違規行為，如被抓到，必須一路牽車不准再騎。考題是以錯幾題來計算，錯一題就是一點，最多不能超過十點，全對就是零點。路考會設有路障與紅綠燈標示，讓孩童擬同一般路況上路考試。考過考試的人可以得到警察頒給的認證，學童可以很驕傲地貼在腳踏車上。

每星期二的早餐休息時間，校方會希望學童父母輪流準備早餐給全班同學享用，每個學期每位家長都有一到兩次輪到的機會。但每次學生吃完飯後把碗盤放在洗碗機，且留著一地的髒亂，嬉鬧著跑出去玩。班級老師與輔導課老師會趁大家出去時，拿著掃把掃地及用抹布清理桌面，看到這樣，我心裡有點為老師感到不平衡。德國對整齊清潔的講究是很有名的，但是對學生卻不要求這些，因為老師認為出去外面奔跑遊戲比掃地清潔更重要。每個班級會有一個班級發言人，但沒有風紀股長等其他的職務由學生擔任，大家都是平等，也沒有什麼誰怕誰打小報告的問題。老師雖然偶爾因為髒亂需要替學生打掃環境，不過也沒有因此失去威嚴，常常聽到兒子說老師教訓他們這些頑皮的兒童不遺餘力。

老師雖然嚴肅，不過也很有人性。我問丹尼上課會不會打瞌睡？因為他常常晚睡。他竟然說有，有一次上完體育課後在課堂上趴著不小心睡著了。我問他老師有沒有發現？他說有。老師看他這麼累，還跟他說，那麼累的話，去外面走廊的沙發休息吧。他就去躺著睡了一下。真的！我沒有聽錯，老師請孩子去睡覺，真令我跌破眼鏡。我現在才知道，走廊上擺著舒服的沙發是給疲累的孩子休息用的，而不只是裝飾品。

另外，小學導師每學期也會與父母有個別會談，討論孩子的學習，並且每學期固定有家長會，告知校方教學進度與對家長輔導孩子教學協助的期望。比如最近數學的教學算法與以前的學習方式不同，老師會先演算給家長看，讓家長熟習學會，並希望家長能協助輔導小孩用新的方法，家長會是個學校與家庭的對話平台，家長若能充分利用即可多了解學校的教學方向，進而輔導學童的課程教學。

德國學校每年都會安排一次團體生活的校外教學，公私立學校都有，這也是與台灣很不一樣的地方。記得丹尼一年級時，學校就曾安排五天的全校學生出外生活團體活動，活動與住宿區是政府用地，活動費用約一百六十歐元左右，每個小孩都要參加，並由老師負責照顧孩子的生活與安全，他們會進行課外教學，像是去看怎麼把羊毛變成羊毛線，晚上一起夜遊，白天一起打足球。每個小孩從一年級起就要學習團體生活，學習沒有父母的時候如何自理一切，許多父母都還不適應孩子剛上小學就要離家那麼久，父母想念孩子比孩子想家還多。

德國校方也非常重視孩子的家庭教育，老師會時常提醒家長，學童應有零用錢，讓孩子學習理財，建議幾年級發給多少零用錢較合理，零用錢無關是否有做家事，或乖不乖，小孩子應該懂得如何使用他的錢，不能因為不乖或懶惰就被剝奪學習理財的可能。另外學校老師在三年級的家長會中，也會開始與家長討論學童的性教育，並希望家長在家中也要與孩子談這些問題。

德國學校不穿制服，完全不體罰，只要孩子不聽話就是抄寫規定的文字，抄寫一遍到五遍不一定，但不會超過五遍以上。學校也不能在周末或放假前給孩子家庭功課，他們希望小孩在周末能完全放鬆，知道該如何自己管理時間，這就像周末時大人不用上班，要完全休息與輕鬆一樣，德國培養人民放空的習慣，真的是從小學做起。

記得丹尼二年級時，有一次電影節我們一起去看一部兒童片，電影放映完之後，有導演與觀眾的討論時間。導演簡單陳述後，希望觀眾發言，丹尼第一個伸出食指往上高舉（德國提問不是握拳舉手），他很清楚地提出問題，不疾不徐、臉不紅氣不喘，導演也很認真回答。當他舉手時，我當下第一個感想是，成功了，他不會像我這樣在想提問時，老是覺得害怕，他不會在威權的威嚇恐懼中長大，這就是我要的，至於功課好不好，其實已經不是很重要了。

◀我家附近社區的兒童遊戲區。丹尼在沙堆中玩耍，婆婆芭芭拉陪伴。

▶丹尼三歲時，在社區中騎腳踏車。

▶星星之家幼兒園的戶外遊樂區。

給小孩快樂童年

據聞台灣正在研討國小縮短年數的可能性，筆者居住的德國，國小只有四年，之後區分為三個中學系統，一個是職業學校學徒式的實務系統，稱為基礎中學（Hauptschule），比如廚師、理髮師、油漆匠、麵包烘焙員；另一個是技術與理論並進的中等學校，稱為實用中學（Realschule），比如是護理師、電子機械等技術人員；第三個是專為念大學而設的普通高中（Gymnasium）。這之間當然可以因學童成績好壞而轉學，但仍要花費一段功夫，也常弄得家長與小孩都焦頭爛額。通常都是以父母的要求作為最後定奪，因此德國可以說是世界上以家庭社會地位因素，決定學生念何種中學最明顯的國家。雖然不能說是階級區分，但弱勢家庭常因沒有足夠資源讓小孩課輔，或是較晚熟的小孩被過早分級，而讓學童心靈受到傷害，影響日後學習意願。加上德國逐漸成為移民國家，許多非以德語為母語的學童，因語言障礙而被分到最差的學校，學習內容與其能力根本不符，造成非德裔青少年的自暴自棄，而形成很大的社會問題。

德國小學只有四年，往往讓學童在四年級時就感受到能力被分級的壓力，因此最近很多教育專家呼籲讓學童在小學多留兩年，改成六年制，並且小學畢業後的學制不要分為三個中學，而是改成兩個中學。雖然專家叫好，但是來自家長們的反對聲浪也讓教育部門招架不住。二〇一〇年七月十七日在德國漢堡就要舉行公民投票，看未來德國學制是否要維持小學四年還是改成六年。此公民投票也將對德國未來的整體學制規畫有關鍵性的影響[4]。

台灣教育升學壓力大，小學六年期間是台灣孩子唯一的童年時光，請提議縮短小學年數的專家深思熟慮，給小孩一個快樂的童年。至於早熟問題，可以增加心理輔導專業人員駐校輔導，而不是讓承擔升學壓力的中學老師去負責早熟學生的問題。

注4／這是由當年的基民黨與綠黨共同聯合執政的執政黨，提出的改革政策，並訴諸公民投票（Volksentscheid，一百三十萬的投票人口中，必須有二〇%以上的人參與公民自決投票）。此次公民投票有四十九萬一千六百人投票，超過二〇%門檻。其中二十一萬八千票贊成，二十七萬六千票反對，最後由「反對」將現行的四年制改為六年制小學學制勝出。這個結果讓推動教育改革者大失所望，也著實讓人感到保守勢力之強大。

高等教育

德國的大學沒有體育課、軍訓護理課，也沒有訓導處與教官。德國的高等教育讓學生獨立到可能太過於鬆散，所以也沒有退學這回事。在台灣念大學，只是延伸高中教育，在學術與人格的獨立來說，可說是一點也看不到。也許是升學主義作祟，現在很多人拿到大學文憑後，仍覺得非常不足，非要再擠破頭去拿碩、博士。可是若在整個高等教育中，沒有為學生的獨立思考做訓練，我們又何需高等教育呢？

德國最近學制改革後，大學與台灣一樣需念三到四年，取得學士學位後，再進修碩、博士。在德國的大學中，各個學科會規定一些必修與選修的科目，有些科目必須要上過基本課程才能選讀，畢業時也都需繳交近百頁到數百頁的報告。每個學校都有自己的獨特作風，自由一些的就讓學生彈性調整他想要學習的課程，只要最終能把所有的課程完成，並繳交畢業報告，經由考試委員會認定通過，即可取得學位，有些南部與東部的大學，則較重視紀律，會規定學生在時間內通過特定科別的考試，否則將不准修其他的學分。學校沒有規定大學生要上體育課，更別說其他的軍訓、護理了。那你問，他們會不會沒有體群美育呢？

一般來說，他們的體育是全民自主的、沒有強迫的。我問念過大學的德國人北安，覺得德國的大學怎樣？他說：「如果不想學的，就沒有必要去念。」他講得很簡單，而事實上他也覺得高等教育的定位確實就是要這樣。你想，在德國就讀大學是完全免費的，但如果都像台灣這樣，把它拿來當文憑用，好像生命中不能或缺一般，那麼哪有人要在社會底層工作，一輩子耗在大學中就好了。

德國的大學大致上是滿容易申請的，除了一些特別熱門的科系要到分配中心甄選及抽籤外，其他科系都可接受學生的申請，並直接決定學生是否能就讀。每個科系也都接受外國的學生就學，外國學生也無需繳費。很多國家的高等教育對外國學生收費，但德國完全沒有，各項國內學生的優待，外國學生也都能享有。常常有些人問我德國人的排外問題，我常用外國人一樣不需繳學費來凸顯德國沒有排外的政策。但別認為這樣大家就會擠破頭去念大學，其實正好相反。德國的大學進去容易出來難，所以不是對念書真正有興趣的人，還是不會笨到進大學念書。最近德國對他們的年輕人做調查，就發現很多年輕人高中畢業後並不打算繼續念大學，大多數的人寧願選擇到公司或職場去工作賺錢，他們認為先工作比較重要。

德國的工作保障做得很好，許多生產類的工作，並不採用大學畢業生，而且薪水也不比大學畢業生少多少，因此大學普遍乏人問津。其實這樣有好有壞，德國因為這樣的體制，造成許多高科技的工程類職缺常找不到自己的國人來工作，即使國內失業人數高達近四百萬人，還是找不到足夠的高科技人才，而需用特別的法令讓國外高科技人才到德國就業。

台灣的高等教育正研擬廢除軍訓課程，但廢了半天仍在原地打轉。軍訓與體育在台灣的大學仍然是存在的傳統，但不代表這樣正確。我出國後才知道何謂大學教育，何謂自主。在台灣，我們習慣什麼都被安排得好好的，一有問題就推卸責任。父母、師長要為學生負責一切，為了安全，我們把男女生宿舍分棟，女生宿舍有門禁規定，而德國的大學則要學生自己負責。德國的大學宿舍沒有因性別而分棟，不過會讓相同性別的人住在同一個公寓裡。在課堂中帶嬰孩與小孩來上課的並不少見，也有老人家去上一些人文課程，校園沒有圍牆，學術沒有年齡的限制，一切與社會沒有絕緣。在師資的教育上，他們也沒有特定培養師資的學院，學校老師的培養全散布在各大學的特定學科中。未來想當老師的人，與一般大學生一樣，都是在同一個校園中受教育，在通過國家考試後分發到各地任教。在了解了德國的師資培養後，我才知道原來老師的受教環境，可以不必特立出來。想想，這也很有道理，未來要當老師的人，為什麼要像台灣一樣有特定圈圍起來的校園，這樣學習時同儕的同質性那麼高，他們怎麼知道其他人的生活與特質是怎樣的呢？如果他們的受教育過程中，沒有接觸到來自不同社會階層與環境的人，那麼他們怎麼能理解來自各種家庭孩童的特質？當老師也許要受尊重，但有需要受保護嗎？

高等教育小補充

一、德國高等教育學費經過幾年來收費爭議後，現多採免費制。部分邦，例如：不萊梅、黑森等，已讀完一個科系或因系別超過十三到十四學期者，要再就讀的學生要收學費，費用是五百歐元。

二、近來德國大學學制也修改過去的五年或六年的碩士學制（Dioplm或Magister），而迎合世界潮流，大學讀三或四年，修完學士再修碩士。

三、二〇一四年，全德國共有三百零三萬失業人口。其中前西德失業率平均為五．九%，前東德平均則為九．七%。

◀海德堡大學沒有高牆，教室四散在大學城中。

◀海德堡大學城。

▶前往知名的「哲學之道」的橋上，感受自由學風。

台灣學徒薪水，不到德國一半

德國的學徒制遠近馳名，能成功實施，在於德國的制度，讓學徒在三年的學習中，各方面都有相當的保障。二〇一三年十月台灣勞動部推出的「名師高徒計畫——徒弟月領一萬」，由政府發給師傅五千、徒弟一萬，表面看似不錯的計畫，然而薪水發放太少，可能會影響市場未來的就業薪資水準。

以一個德國廚師的養成來說，受訓實習的時間最長三年，如果實習時表現優異，則可以縮短到半年。但在這之前，必須在學校學習完十年的基礎教育課程（相當於台灣高一，約十六或十七歲），然後才申請職業訓練。申請到職業訓練教育後的學生，仍然不會與學校脫節，他們還是固定要每周到學校上課一到兩天。德國企業會每月給付實習廚師薪資持續三年，從第一年的五百四十二歐元到第三年的六百九十七歐元，平均一個月是六百二十歐元，約二萬四千八百元新台幣。在德東地區因為生活費用偏低，所以平均一個月是四百九十九歐元，約兩萬元新台幣。

德國的平均薪資年所得約台灣的一・九倍，以這樣的比例來看，台灣的學徒收入仍算偏低。若要導正年輕人高中畢業後都去念大學的傾向，在實施職業訓練教育時，如果能增加受訓學徒的薪資保障，將可以讓實務工作有更多人參與。

參

生活在德國

初來乍到，德國難適應

最近德國台灣協會接到來自一位德國女子的一通電話與一個電子郵件，她說她認識一個台灣男生，他住在德國西邊的柯博倫斯（Koblenz），她覺得他很寂寞、鬱卒，希望我們能跟他聯絡。隔天我與這個郭姓男子聯絡上，他說他正在網咖用skype與外界聯絡，因為電腦壞了。另外，他的房東很小氣，一天才開兩次暖氣，早晚各一小時，洗澡需要投幣，一次要半歐元，只有一分鐘，他只好到學校沖澡，他的德國鄰居都是點蠟燭取暖，我聽了之後覺得非常離譜。還有他的同學也很尖酸刻薄，學校才剛開學，他只是一次沒有參加分組討論，就被誤以為是來混學分的，還寫電郵給他，希望他以後能認真一點，他覺得自己被誤解，很衰。他不懂德國房東怎麼這麼死要錢又沒良心，德國同學也這麼尖銳，之前同學沒來上課他也曾好意地告知重要事項，這次他只是沒有獲悉討論時間，就被說成是不認真，心情因此掉到谷底。他住的柯博倫斯沒有其他台灣人，有話也無處找人談，目前只有四個中國同學與他共五個說中文的人住在那裡，他說他很悶！跟他談了兩小時，他心裡好過些，因為終於可以說自己想說的語言了。傾聽一個遠方不認識的男子訴苦，我覺得很荒謬，但卻是幫了他一個大忙！

被欺負的熟悉感，讓我想起二十年前剛來德國時的親身體驗。那時在北邊的帕德伯恩

（Paderborn）念大學，認識了三個台灣男生，一個來念經濟，一個念機械，一個是學電機。

第一個得了壓力型思覺失調症（過去稱精神分裂症），懷疑教授要害他、故意刁難，後來感覺被跟蹤，又覺得教授的女兒愛他，所以每天都到教授家門口走來走去，教授忍不住叫公部門的人來處理，最後請他的家人從台灣來帶他回去。這樣的結局，實在令人不勝唏噓。最後一次與他見面時，他還是穿著他唯一的一件土淺藍有點像建中外套的薄外套，心情很好地坐在學校的餐廳與我暢談。他說他現在是百萬富翁，是ＭＴＶ的老闆，教授女兒愛他愛得要命，看他神清氣爽地，我實在不知道該怎麼說，那時候就知道他有異狀，可是能怎麼辦？我記得我回台灣時，曾與他的家人電話談過，他的哥哥也只能窮著急。我是精神科護理師，很清楚這種病人的狀況，只是我看到的都是在醫院中被帶來就醫的案例，活生生看著一個健康的人，演變成了精神病患，而無能為力，倒是頭一遭。

第二個機械系學生精神狀況也不好，覺得有人要害他的感覺也從他與人相處的言行中透露出來，他的衣裝不整齊，有時會流口水，眼神呆滯，他後來回台灣，也給我一些他帶不走的文具、書籍，當中有一兩張字條是他寫下的，其中也是充滿了被人欺害的感覺，我心想，還好他回台灣了。有一次回台灣，與朋友在台北公館竟巧遇到他，他看起來很正常，也很有人味。我暗自替他高興，我想他回台灣後應該一切都順利無礙才對，家鄉的熟悉環境治癒了他精神上的危機。

第三個台灣朋友喜歡玩，也充分享受融入德國生活的多元趣味。他喜歡音樂，參加合唱團，偶爾還會有演出機會，他也是個熱愛跳民俗舞蹈的人，帶著我們幾個女生參加當地的土風舞社，跟著歌曲的旋律與節奏，大家手拉手，踩著同樣的腳步，每周一起跳希臘舞、馬其頓舞、以色列舞、土耳其舞，這是我生命中最美好的日子。在那裡我也交到了幾個德國好朋友，包括我的前夫約克。這個台灣男生很有趣，興趣很多元，看到男性女性都可以談得來。

他喜歡跟女生談一些私密問題，不過僅只於他的好奇。他也很喜歡研究語言，跟他可以天南地北地聊，也常有很多德國朋友會去找他聊天，我現任先生也是他的朋友。我的德國朋友中，幾乎有一半都是從他那裡認識來的。他確實也是個異類，不過是個很有趣的異類。我離開帕德伯恩後，聽說他因為居留問題，必須要考試通過，否則可能會被驅逐出境，才終於開始用功起來，最後拿到博士學位回台灣，他是個有趣的例子。回台灣後，我嘗試與他聯絡，但他竟然掛我電話，我想他是不想讓我找到他，以免他瘋狂的德國過去被人知道，這也是他的權利，不過我真的很感謝他，因為有他這個異類，才能讓我認識我的德國老公。

初來德國時，真的覺得德國生活與台灣大不同，除了和房東一起住有摩擦之外，搬到宿舍去以後，也與室友因為生活習慣的差異而搞得灰頭土臉的。我們在還不熟悉語言的狀況下，常常會吃很多悶虧，他們可以用語言的優勢讓妳無法抵抗，最後衝突誤會愈來愈大，而鬧到管理校舍的部門去，投訴我不合作，比如不洗他們堆積如山的碗盤，用完浴室沒有用乾布把浴室水龍頭及浴缸擦過，留下白色的自來水水漬，不好看。說我晚上發出吵雜聲的人，下學期認識了新朋友，就常開公寓走廊Party，發出大聲的音樂與說話聲，但她卻一點也不會不好意思。管理宿舍的人找我去，我則找當時還是男友的前夫一起去壯聲勢，當時男友聽到我敘述他們的無理，也覺得這些第一學期剛搬離家裡的新鮮女大學生像是在幼稚園的心態（Kindergarten），要我別跟他們一般見識。

德國生活與台灣大不同，勇於發言、據理力爭、永不妥協是至理名言，他們常常只欺負軟弱的人，如果我們忍氣吞聲、以和為貴，通常是會被看不起的。德國人尊敬可敬的對手，適當地反擊通常會有很好的效果。這是我在德國生活中學到的第一課。

▶法蘭克福假日市集上，販售德國香腸的攤販。

◀我在茵果市住家上方的彩虹。

◀法蘭克福假日市集人潮洶湧。

先知的話

你的孩子不是你的孩子，
他們是自我生命渴望之子與女。

他們透過你而來，
但是他們不是你的，

他們雖然與你在一起，
但是他們不屬於你。

你可以給他們你的愛，
但不能給他們你的思想，
因為他們有自己的思想。

你可以給他們的身體安置一個家，
但不能給他們靈魂，
因為他們的靈魂住在明日之屋，
那是你不能拜訪的地方，
甚至在你的夢裡也到不了的地方。

你是那彎弓，
從彎弓中你的孩子將成為被射出去的活箭。

——摘譯自Khalil Gibran（1883- 1931，黎巴嫩詩人、畫家、詩人與哲學家）

今天打開信箱，看到一封從芬蘭寄來的聖誕賀卡。字跡秀雅，是個我不曾見面，也不是朋友的人寄來的，但我幾乎每年都會收到她從芬蘭寄來的聖誕賀卡。她是一位曾經有三個孩子的母親，那些賀卡是她從監獄中寄來的。她說，她很感謝我不鄙棄她，她要搬遷監獄了，還有六年才能出獄，她感謝芬蘭政府的德政，沒有結束她的性命。每年收到她的賀卡，我的心都是煎熬的，我想她的日子也是煎熬的。這幾年來看她的信，從深深地自責一直到成為虔誠的基督教徒，也聽聞她談與獄友的嫌隙，還有她併發的憂鬱症。今年，她沒有抱怨，只是算著饅頭過日子。其實我不敢承擔她的感謝，只是誠心希望她不要自棄。現在她沒有了孩子，因為她結束了孩子的生命。她自己沒能在自殺後與她的孩子一起走，也是上帝的旨意吧！她與我差不多年紀，孩子若還在，那對雙胞胎應該也是與丹尼一樣的年紀。當年看到台灣的社會新聞，人住德國的我，知道她比我小一兩歲，孩子與我的一樣大，而她卻犯下這個滔天大錯，只為了爭取孩子，卻犧牲了孩子的性命與她的未來。是什麼樣的痛苦，讓嫁來歐洲芬蘭的台灣媳婦什麼都豁出去了，捨命要與孩子同歸於盡？這個答案是無解的，僅知道芬蘭冬日的白晝比德國短，夜晚比德國長，冬天的冰雪應該也是更冷。一個無親無故的人，在聽不懂，說不通的異鄉，性命如螻蟻，有人會在意嗎？一個女人離婚後什麼都沒了，不甘心全盤皆輸，只好把孩子當成自己的所有物，鑄成了大錯。十二年的刑期算少了，如果她在台灣，可能也不會發生這種事，但如果發生了，她早就被槍決了吧！其實她一點也不慶幸她活下來，但活了就得過日子，接下來她該如何面對人生？

當時知道這個消息後，讓我難過得久久無法釋懷。問了芬蘭辦事處，寄了書籍及小禮物過去，她滿心感激，知道有人關心她。小小的心意只是要讓她知道，這種異鄉的苦我了解，她應該重新再站起來。我不知道她長什麼樣子，也沒有聽過她的聲音，只知道不遠的北方，有個與我來自同鄉的異鄉人，將帶著罪惡感度過一生，但願留下命來的她，能好好對待自己、對待別人！

ZUM ANDENKEN
DES DEUTSCHEN VOLKES
DES DEUTSCHEN REICHES

◀呂德斯海姆的勝利女神像。

德國的生活與倫理

「芭芭拉、馬格努我回來了！」那感覺聽起來像是北安在叫他的哥哥、姊姊似地。北安一進家門，就被出來迎接他的老父與老母熱情地抱在懷裡，左臉頰右臉頰各吻一下。芭芭拉是北安的媽媽，年紀與我媽媽差不多，僅小我媽一歲。她的大兒子北安已四十一歲，他告訴我從他有記憶起，就不曾叫母親及父親為媽媽及爸爸，而是叫名字。北安對其他親戚長輩也都直呼名字，似乎對他來說，稱呼名字是一種拉近距離的親切表徵，而不是什麼沒大沒小的事。學生在學校裡也對老師使用中性的稱呼，以某某女士或先生來代替某某老師。剛到這裡時，我還挺不習慣，覺得直呼長輩的名字多所不敬。但是在家庭聚會中，長輩與晚輩聊天都是像對朋友一般的態度，沒有因為年紀關係而有父權或長者的霸氣。漸漸地，我也從這樣的家庭聚會中調整心態，不會有什麼不敢講，或者怕被念的心態，因為他們就像朋友一樣。有些事有經驗的長輩就會說一些個人的經歷，還常會不經意地暴出一些糗事來。有些事長輩會抱持著保守與退卻的看法，年輕人也會很明白地表達相反的意見，沒有尊卑的問題存在。至於像電腦與網路的先進科技，那就更不必說了，即使是擁有物理博士頭銜的馬格努老爸，也還是要求教於他兒子在職場的訓練，以補充新知。

聽北安說，在以前的年代，他們也都是叫爸媽而不是稱呼名字。不知何時起，有了家庭改革的潮流後，大家就都自然而然地稱呼彼此的名字，而不再用稱謂把人與人在家庭或在學校裡的尊卑高低凸顯出來。德語和英語一樣，對兄弟姊妹的稱謂都只用兄弟與姊妹來說明關係，就像一般人無法從brother或sister的字面意思中分辨出兄或弟；姊或妹。但德語對文法使用要求的精確度，比中文嚴格很多，所以用德語來表達句義時，很難讓人能模糊地表達。也就是用德語來表達一件事時，即使你不想刻意地說清楚講明白，也能馬上讓人聽出是單數還是複數；是男是女；與發生的時間是過去、現在或未來。

但有趣的是，在德文這樣精確的文字結構中，表達人際關係的稱謂時，卻例外地用兄弟與姊妹，還有所有女性親戚及男性親戚都有如英文一般地只用一個字來表達，從這裡也可看出，西方文字對家庭地位平等化的觀念。

從造字的角度來看文化，我們中文講「兄」即是尊稱年紀比自己大的男性，不會讓人模糊地以為是年紀較小的男性，當然「姊」、「妹」也是，而伯、叔、兄嫂、弟妹也是用不同的字來表達年齡輩分，以凸顯家族中的地位。記得從小就被阿嬤教導論輩不論歲的觀念，凡是年紀比我們大的，我們自然要尊重，但對年紀小輩分卻比我們高的，還是要敬稱他們為叔叔、姑媽、阿姨或舅舅。聽起來很荒謬，必須對某些年紀比我們小上一輪的小朋友叫叔叔、阿姨這樣的稱謂，有時讓我感到很尷尬。由此可相對看出在中文裡，對尊卑的地位多麼重視。而老師這個職謂，更是因為有至聖先師孔子之故而神聖化，讓大家即使在家與父母情同手足，在學校對老師仍是必須必恭必敬，不敢違背師言。老師的話常被學生解讀為至聖先知的話，有如聖旨，怎敢違逆？

這樣的現象，是好是壞？其實坦白說，自從我年過三十五歲以後，就覺得這樣倚老賣老的社會規範，其實沒啥道理。在西方社會生活一段時間以後，其實我頗喜歡他們懂得欣賞晚輩的觀念。一個人，要是為人或所言不實，自然就不會受到尊重；但一旦一個人，只能用年齡或輩分來鞏固自己的地位時，說真的實在可悲，講難聽一點是可恥。一個人要受人尊重，在西方社會靠的是人格、學識，而非年齡與輩分。學校教育重視教學相長，而不是要學生不能違逆。在這樣的價值觀下，年輕人才敢說真話，也才會學到受人尊重之道非靠年齡、輩分，而是要有真實的人格內涵。西方文化不見得什麼都好，但沒有長幼尊卑的倫理，讓年輕一代直言敢言、放手讓他們做，才是推動改革、創造新知的原動力，這點倒可讓我們做借鏡。

▼在德國拜爾恩格里斯的朋友家烤肉。

▼▼在基爾過聖誕。與先生北安全家人一起過節，孩子們裝飾聖誕樹。

▼婆婆芭芭拉休閒時喜歡彈琴。

▼▼北安的妹妹Dorothea與一歲大的丹尼。

德國社會整齊有序的祕密

住家隔壁的鄰居是一位獨居的德國老太太，幾年前雖然腳骨折受傷，住院開刀幾周後，很快又看到她在花園裡忙進忙出，偶爾也可以看到她精神健朗地騎著腳踏車。她一直是我的最佳聊天對象，她也喜歡跟我聊天。她說話的聲音雖然不大，可是很會用諷刺與幽默的方式開自己與他人的玩笑，當她以那把八十多歲高齡的年紀談看醫生的經驗時，我才知道連醫生都被她挖苦過。聖誕節前，我們都忙著採購過節，有好一陣子沒看到她，前天看到她的住家燈火通明，想邀請她來參加我們農曆春節的新春團拜活動，因為她跟我關係很好，也一向很捧我們的場。

我按了她家門鈴後，來開門的竟然不是那位能言善道的老阿嬤，而是一位中年婦女，瘦瘦的模樣也有一點像老阿嬤，本來以為是阿嬤請來幫忙煮飯、做家事的人，經由她自我介紹才知道她是阿嬤的女兒，是來收拾阿嬤的東西，準備把家具給處理掉。而阿嬤人目前在她一百多公里外慕尼黑郊區的兒子家裡，她兒子準備明天要把她帶去我們家附近的養老院。我心裡一沉，很難想像那麼好好的一個老人，怎麼會那麼快就需要搬到養老院。但阿嬤的女兒說，阿嬤從聖誕節到兒子家過年時就生重病了，她走路困難，記憶失常，幾乎忘記她一分鐘前所發生或做過的事。

聽了解釋後，我還是久久無法釋懷，實在無法相信一個月前的健朗老人，還能一個人拎著購物袋去購買生活用品，經過我們家時還會與我們聊上幾句，現在竟是失智者，而且不能走路了。我告訴阿嬤的女兒，我目前是失智協會的義工，剛剛才從需要幫助的失智老人那兒回來，如果有任何需要的話，我願意幫忙。留下話語後，走出鄰居的大門，心中還是有太多太多不解。

以前她就跟我說過，她老了會去養老院，連養老院都已經看好了，就是我們家附近的那間名叫蜜蜂花園（Bienengarten）的養老院。所以，當她女兒說她將要搬進那家養老院，而不是搬到她孩子家附近，讓兒孫可以就近照顧的慕尼黑時，我一點也不感到奇怪。這就是德國人的親情嗎？她說她不想麻煩兒女，也不要因為住在一起或住附近而打擾各自的生活。她說這話時的語氣，讓人感覺她的堅強與孤獨，因為好強不讓她輕易求人傷自尊。昨天我見到另一個鄰居，我跟他提到想去看阿嬤，他竟建議我一個月後再去，現在不要去找她。那位也是老人的鄰居說最好讓她過了適應期再去看她。這個建議雖然是好意，不過卻很殘酷。

她真的失智嗎？帶著問號，我不理老鄰居的建議，就與老公散步過去拜訪她。那天是她去養老院的第三天，咖啡廳裡坐著一對年輕人，正在與她喝咖啡聊天，我們過去寒暄，也真正看到她的模樣。她仍然口齒伶俐，但是她握著小叉子吃蛋糕的手抖了又歇，歇了又抖。我們談了很多過去的事，談我家的老母狗希柆蕾、談我家小子丹尼，也談了一些彼此都很熟知的生活趣聞，都是我提了頭，她就一直說下去。

最後付錢時，她想幫我們付帳，問我們點了什麼，我解釋沒辦法讓她請客，因為太晚來，沒有點到餐。她知道後，有些悵然地說沒轍，而後起身時她花了全身力氣還是無法站立，我站在她身邊，看不下去她的無效嘗試，趕緊攙扶了她一把，她瘦弱而稍有駝背的身影，當下讓人感到她是病了。

從咖啡廳到房間要走好一段路，她可以說是舉步維艱，蹣跚而行，每個連續踏出的步伐都是小小的碎步，是那種無法自我控制的小而快的步伐，我猜想是帕金森氏症。走廊牆壁上設置的輔助橫杆，成了她的救星，看著她迫不及待地抓住橫杆，就知道她是個習慣自立而好強的人，能不要人幫，就不要人幫。

好不容易走到電梯，電梯裡貼了一則漫畫，我老公唸出來給她聽，她也覺得超有趣，跟著談笑。氣氛才又熱絡了一點。到了空間小她房子很多的房間，單調平乏的陳設，她環望著四壁，最後吸了一口氣，無奈地說：「這就是我今後要再待上五十年的地方。」我們剛剛談笑的聲音，一時凍僵，不知該如何接口。

房間裡的桌上擺著報紙與放大鏡，讓我們知道她依然不忘看報。報紙旁擺著一個小盤子，盤子用保鮮膜包起來，裡面有兩片乾冷生硬的全麥麵包與三片哈姆（Salami），還有兩小塊紅椒，這是阿嬤的晚餐。看來是放了一段時間了，當時的時間是下午五點左右，怎麼看都不會讓人想吃它。再看看門邊刻意不設置煮食的小廚房，一個洗碗槽，沒有廚具的廚房，顯得慘白無生趣。

回家的路上，我感到安心多了，可愛堅強的柯老太太精神還好，腳卻是不行了。我的疑問仍在，想不通她其實也沒那麼嚴重，但為何家人不接老嬤嬤回家照顧？問號是不可能有答案的，我只知道德國人講究效率與完美，街道與辦公室及家中玻璃都要求一塵不染。玻璃透明，人卻完全不透明，人再完美也無法完美的老去，而走入另一個空間，自我隱蔽，就能呈現他美麗的身段了嗎？沒有人刻意要這樣，而結果為何是這樣？

後記：很遺憾的，鄰居老太太已於二〇一四年六月十六日過世。因獨自出外散步摔倒，被人發現送醫，經檢查後發現有腦瘤，開刀後血壓無法控制而過世。

德國物價

剛到這裡時，總覺得德國的物價換算成新台幣後，就是貴許多。但住久了卻發現我存的錢也不會比台灣少，反而多了，這是為什麼？其實德國的消費確實是高，可是許多生活必需品卻與台灣相差無幾，甚至更便宜。

德國以馬鈴薯為主食，他們吃馬鈴薯就像我們吃米飯一般，所以馬鈴薯很便宜，一公斤可能不到三十元台幣。牛奶、優格、奶油等西方日常食品也都比台灣便宜，而近來我更發現米在這裡賣一公斤十八元台幣，合算一台斤約十一元，似乎也比台灣更便宜。德國人未扣福利保險與所得稅前的薪資是台灣的一・七倍，可是很多民生必需品又比台灣便宜，因此當然可以存更多錢。不過，只要是非生活必需品就要看情況了。

比如火車票價就很貴，大約是台灣四到五倍的價格，三百三十公里左右的火車票價就要二千元以上的台幣，比台灣的國內線飛機票還貴！而德國一般的國內飛機票大多要六千元台幣才能買得到。看到這裡或許你會問，那德國的窮人不是無法出門了嗎？其實也不會，畢竟以社會主義立國的德國，還是會為較弱勢的人著想的。

德國各邦都有發行火車邦票，如在巴發利亞邦就有巴發利亞的火車邦票，一張約九百元台幣，最多可乘坐五人，使用範圍限於此邦，使用時間是星期一至星期五早上九點以後，周末沒有限制時間，車種則限坐慢車。周末與平日還可選擇另一種周末票[5]，一張約一千七百元至二千台幣，一天可乘坐最多五人，雖然僅能坐慢車，但可通行全國，德國比台灣大了約十二倍，所以使用這種周末票也很划算。另外，在德國要搭機回台或出國旅遊時，機票也比在台灣買還便宜。一樣是華航從德國起飛到台北的來回票，就比從台北起飛到德國的單程票還便宜。想買衣服的人，如果阮囊羞澀也可等到冬季與夏季大特賣的時候再買，通常折扣都很驚人，運氣好的話，還可以買到物美價廉的衣物。

德國的房價，也是依每個城市而有不同。德國只有幾個大城有上百萬的人口，一般十萬人口的城市就算是中型城市。一個十萬人口的中型古老大學城——哥廷根（Göttingen），離市區不遠的市內兩層樓高透天樓房，

我家附近的超商。

德國的蔬果意外的比台灣便宜。

有小頂樓、地下室與小花園，約四十年左右的屋齡，售價二百七十萬台幣，這樣的房價真的不貴吧！我們居住的房子在Audi的工業城，跟上述的條件類似，不過因為燒過要整修，所以買了約三百萬台幣。其實價格都沒有比台灣貴，甚至還更便宜。我說的這二個城市，都有最快速的高速火車站，與大城的交通非常通暢。哥廷根距離柏林坐高速特快車只要約二至三小時；我家在南德，坐普通火車只要一個小時就可以到慕尼黑。

若說到汽車售價，那就更便宜了，因為德國生產汽車，所以車子本身不貴，但養車較貴。一台十年的福斯小巴舊車，只要四萬五千元台幣；九年的老歐寶轎車，也才只要花一萬兩千元台幣，但一年的車險與稅金就要三萬台幣左右。不過相對的，這裡的高速公路是綿密的網狀無限速高速公路，也不收費，可讓駕駛人省錢也省時間。

所以在德國生活，只要不奢侈過日子，也可以過得衣食豐飽。這裡沒有KTV，假日店家也不開門營業，逛街花錢都要看時間，讓一般人少了像台灣那樣，把逛街當消遣花錢洩憤的機會。不過癮君子到德國就慘了，這裡的菸稅很重，一包二十五支的菸就要價台幣二百元以上，但酒倒

注5／周末票的票價為四十四歐元，可一至五人共乘使用，全德都可通用，但僅能搭慢車。另有「美好一日票」，一個人使用是四十四歐元，每增加一人僅需多付八歐元，最多可五人共享，一樣全德通用，但僅限慢車且從上午九點至隔日凌晨三點使用。

是比台灣還便宜。記得我老爸來德國的第一件事就是比較酒的價格，據他研究的結果是酒比水還便宜，信不信由你。

德國富人也有富人的哲學，一般人在德國是不會因為貧窮而被人看不起的，這裡也沒有打腫臉充胖子的文化，甚至連交情很好的朋友一起聚餐，也都習慣各付各的，如此一來少了面子問題，在無形中也就少了很多花錢的機會，當然錢自然也就可以省下來了。既然德國有良好的退休制度，那麼省那麼多錢做什麼？省錢裝暖氣啊！還有裝修房子等，要是不能自己裝修，就要找工人。這裡的人工一小時是六百到一千台幣不等。即使是清潔等簡單的工作，一小時至少也要新台幣三百元的基本薪資。一個燒熱水的中央暖氣系統，要價七萬元台幣，再加上人工安裝費用就高達十萬台幣了。不過這些費用，都是有房子的人才會有的煩惱。

德國物價雖高，生活必需品卻與台灣相差無幾。

德國性愛觀

一個男人在婚姻中不出軌，卻也不讓老婆有在床上的自主性，只是用一百零一套的方式做那件事，他只要達到射精的目的就好，完事後馬上翻身睡大頭覺。而太太在生完孩子後，與她的男人分床睡，雖然在我們的道德觀中這是正常的，可是沒有性的婚姻，對性可閃就閃、可避就避，真的是好的嗎？女人生完孩子後，自認達到家族使命，以不想再孕為理由，避免性生活，原因在哪？性生活不快樂，沒有自主性，做愛成了另一半洩欲的工具，這樣做愛有意義嗎？這簡直是虐待自己，當然就不如用避免再孕的正當理由，來拒絕床事，這樣男人也不會失面子，女人又可以不必被迫做那件事，聽起來理所當然。

德國人雖然看起來很酷，對感情卻相當誠懇，也很尊重互相的意願。首先，德國人談戀愛，不會與婚姻畫等號，如果他們與女人做愛，也會給女生非常大的自主性。另外，他們比我們女生還怕意外有了小孩，所以普遍上他們不願讓女生為他大肚子（不然要支付小孩的贍養費用直到小孩成人為止，即使沒有結婚也要付，而女方則有決定男方探親的權利，如果女方不讓男方看孩子，這位生父仍有義務要付小孩費用，但他卻無法看到小孩），所以幾乎只要家裡有十七歲以上的青少年，他們的父親就會提醒他們從事性行為時要使用保險套，這是很普遍也很自然的事。其實要評論一個人道德與不道德，應該是以負不負責任來做基礎。

據美國對白人與亞裔青少年性行為的調查報告中指出，白人家庭裡的青少年會用保險套從事性行為的比率比亞裔青少年高很多，而首次性行為的年齡，白人家庭的青少年較亞裔家庭的青少年年輕一至一歲半左右。由此我們可以知道，如果我們要的道德是成年後才能做愛的話，當然白人家庭的青少年是不怎麼守規矩的，因為十六、七歲就有過性行為的青少年大有人在，可是以保險套的使用率來說，他們卻是負責得多。在這裡我們不禁要問，我們要的是成年才能做愛的道德，還是要負責任的性愛觀念呢？這個調查也解釋了一個現象：台灣婦女的墮胎情況十分嚴重。我們台灣的婦女不管是已婚或未婚，墮胎的比率都很驚人，墮胎甚至已成為婦產科醫院的主要收入來源。而許多年輕女孩因為懷孕不敢讓人知道，就隨便找密醫拿掉孩子，卻使得許多年輕少女的生命，意外地結束在墮胎手術檯上，其家屬在女孩死亡後才得知死因的傷痛，更是令人不忍。即便是沒有犧牲生命，也有很多台灣女性有一次甚至多次的墮胎經驗，這幾乎可說是台灣婦女的共同經驗，也是深烙於她們心底深處的共同祕密。

德國人的男女關係就平等多了，但這不是天生就如此的。在他們的社會中，比較有機會與異性正常交往。德國人從學生時期就不會經歷男女分班或分校的制度，這使他們對異性的認識，完全沒有空白，因為對異性的認識是生活中最直接的接觸，這樣不見得會導致對感情的不忠誠，反而是透過頻繁的接觸與相互認識後，對感情問題能夠理性處理，即使分手，大家也能好聚好散。

在台灣，一個女生在婚前如果有性行為，會被當成是沒有規矩的女生。可是我要問的是，如果在婚前沒有性行為，導致對這件在婚姻中相當重要的事，在婚前沒有溝通與相互認識的機會，萬一婚後才知道他有怪癖或性無能；或她對性毫無興趣甚至厭惡性的情況時，大家真的就要在婚後自認倒楣嗎？還是我們自己要檢討，這樣的道德觀確實有存在的道理嗎？在今日的社會，談戀愛時還要保留婚後才能有性行為的觀念，這樣存著幻想的結婚觀，不是太不實際了嗎？

愛情兵變

我在台灣念大學時，有個戀愛多年的男友，他人很好，也是人人稱羨的醫學系學生。戀愛學分修得差不多後，結婚就是理所當然的計畫了。畢業後他必須先當兵，也想到德國念書進修，於是我趁他去當兵時，遠赴德國先幫他鋪路。當時的我只想出國看看、了解德國，好讓他來時適應得更快。於是我進了德國大學念書，也因此擴展了生活圈，每天的生活新鮮有趣，德語的進步也讓我的生活生趣盎然，當然也認識了不少德國的朋友。

在這裡的生活很不一樣，新生活的探尋難耐對德國男性的好奇，不久後我有了德國男友。台灣男友知道後非常不平，兵役結束就跑到德國來興師問罪。當時，我到車站去接台灣男友，隔著馬路看到他時，直感到好陌生，這種感覺令人害怕。以前我所熟悉的他變胖了，也變得好疏遠，站在一起時，我們不知道要聊什麼？當他躺在我身邊時，我毫無愛他的激情，我突然感到悲哀也對自己生氣，氣自己為何一點也不愛他了？他質問我，怎能如此對他？也問我的德國男友，會不會感到良心不安？我覺得好委屈，因為被他的愛情道德壓得喘不過氣來。我問自己，難道我在婚前不能比較？不能自由選擇嗎？

我愛上德國男友已是不變的事實，我無法對自己說謊。與台灣男友分手後，我也一直覺得這樣很好。德國男友給我很大的空間，不過問我的私事，他喜歡去合唱團唱歌，也與我舊男友一樣喜愛古典音樂，他還喜歡跳民俗舞蹈。幽默風趣的他，簡直是最佳男友。結婚後，他浪漫天真不變，然而不入世找工作的個性使我吃不消，幾經爭吵，我搬了家到別的城市工作。他會在周末來看我，但我總提起讓他不高興的找工作話題。兩年下來，我仍愛他，卻受不了他的怠惰。後來我覺醒了，我告訴自己，不要抓著他，讓他自己飛吧，他能貧窮地快樂過日子，這也是他的選擇，只是我的選擇不同，於是只好把風箏的線放開，讓他自由自在的飛。就在此時，我落寞的心找到了另一個依靠——一位大學時代認識的單身好友。

曾有一段時間，人家覺得我很花心，怎麼會桃色新聞這麼多。腳踏兩條船這種事居然會發生在我的身上，是我想也沒想過的，可是那段婚後的失落與得到新歡有人疼愛的感覺，真的很好。不願工作的德國先生得知我有新歡後，也無法阻擋我對另一個人的愛，最後他也另結新歡，終於讓我們的婚姻有了圓滿的終曲。猶記得我到法院聆聽宣判離婚當天，當我從公車下來時，聽到不遠處教堂的鐘聲鐺鐺鐺～就像是在祝福我的離婚成功，我心裡如釋重負，覺得好幸福。心想，離婚其實需要更大的勇氣，它也應該獲得祝福。

自婚姻的墳墓跳出來後，我與他過著不婚的生活多年，遲遲不敢再婚。後來，因我的父親意外身殘，讓我突然感覺到家的重要，內心也呼喚著我，生個孩子傳承父親給我的一切，於是我最後還是選擇走傳統的老路——結婚與生子。我看過女人被男人拋棄的故事太多了，對婚姻總覺得很洩氣，但我想告訴大家，要忠於自己，遇到喜愛的人千萬不要遲疑，對自己永遠要有信心，幸福是需要掌握與經營的。

◀知名的海德堡之吻巧克力。

同居世代

同居是人由愛情生活走入結婚生活的必要經過。一對陌生人從談戀愛到走入終生相守的婚姻，如果沒有一起同居生活過，如何得知彼此婚後是否能適應呢？

同居是婚姻的試金石，沒有同居過，怎能知道你的愛乾淨遇到他的髒亂時，愛情的火苗是否還能持續？還有最現實的性愛關係，如果沒有同居過，怎能知道對方的魚水之歡與自己能調和嗎？如果他的性是變態的或是令你不能接受的呢？結婚後就很難再輕易考慮離婚，我們怎能不珍惜同居的體驗？同居之後才結婚，當然還是不能保證婚姻一定幸福，但至少我們有近距離觀察的機會，他或她適不適合你，將不只是門當戶對的問題，更是兩人面對各種問題的調和階段，如果沒有同居就結婚，剛新婚時可能覺得新鮮，但是雙方要在終生相守的道德契約下摸索對方，不斷磨合與試探對方的底線，最終懷疑自己的選擇，實在沒有必要。

婚姻有它的神聖性，就是因為這樣，我們要慎重考慮，沒有同居，如何知道適不適合？曾經有過一次婚姻失敗經驗的我，再面臨第二次婚姻，讓我感到很害怕，所以與我第二任先生同居五年才結婚的我，感到同居的必要，同居讓我知道他的生活習性與我的異同，探問自己的底線，互相了解個性，經過同居的磨合還能相知相惜，再來安排結婚，才能將受傷害的程度降到最低，也才是真正珍惜婚姻。

德國生活座標──朋友

德國先生常對我說，妳怎麼這個人也是妳朋友，那個人也是妳朋友，哪來這麼多朋友？那個人不是才剛認識，怎麼就說是朋友了呢？我說，是剛認識的朋友，雖不熟，也是朋友。德國人對朋友的定義很謹慎，朋友是要能為他兩肋插刀的人，才能算是朋友，所以德國人很吝惜給予朋友一個廣泛的定義，只有真正的好朋友才是朋友，其他的都只能算是熟識的人。對這點不察的人，會覺得德國人很冷酷，要當德國人的朋友很難。

的確，我在這裡的德國朋友，幾乎都不是在外喝咖啡、參加Party等短暫相聚認識的，他們有的是我教課的學生；有的是一起參加職業訓練課程的輔導員；有的是講師，因為認同我對生活的熱誠，所以也認同我是真正的朋友。他們平常都很忙，但只要我邀請他們來參加我們舉辦的活動，他們幾乎都會撥空前來，有的還會幫忙搭棚子、幫忙搬運桌椅，雖然他們自己的生活都忙翻了，但對於朋友需要幫忙的時候，他們真的都展現了朋友最大的熱情與支持。

我有一位巴伐利亞邦的女性朋友Ingrid，她曾跟我學中文，是個熱愛外國人的德國婦女。她的烘焙手藝很好，常常熱情邀請我與我的台灣或外國朋友到她家坐，並請我們品嘗她自己烘焙的、全巴伐利亞邦最好吃的各式蛋糕與咖啡點心。她很謙虛地說：「因為我沒有錢出遠門，如果有機會能讓外國人來家裡坐坐，就可以輕鬆地知道各國的民俗風情，何樂而不為？」真是好個秀才不出門，能知天下事啊！

另外，我在德國大學念書時，認識的一位德國朋友，也是非常令人感動。當時我念哲學系，第一學期修叔本華的「哲學──意志的自由」時，讓我念得焦頭爛額，我請教所有我認識的德國學生，但都沒人看得懂這位叔本華的書，我很驚訝，以為他們是懶得理睬我或歧視我，所以才不願意花時間教我。後來我才知道，其實叔本華書寫的文字，真的很艱深難懂，大部分的德國大學生根本無法理解。

當時我的德語能力不好，功課寫得非常差，因為德文用詞只有小學程度，所以交出的作業慘不忍睹。有一位物理系畢業的碩士生Martin，主動幫我修潤文字，他必須重新讀過一次，才能掌握精要，我的作業都是靠他的大改寫，才得以交差。這位Martin，是我透過一個台灣朋友認識的，平常跟他沒有什麼交集，只覺得他很親切，想不到他會願意幫我苦讀叔本華這位哲學家的艱澀書籍，還幫我寫作業，實在難能可貴。從此，我知道德國人的友誼，真的很珍貴。這位德國朋友後來得到胃癌，我們想約他出來見面聊天，他死也不要，因為他不希望我們看到他沒有頭髮的樣子，不想讓我們為他煩惱，這實在讓人覺得德國人也太ㄍㄧㄥ了吧！

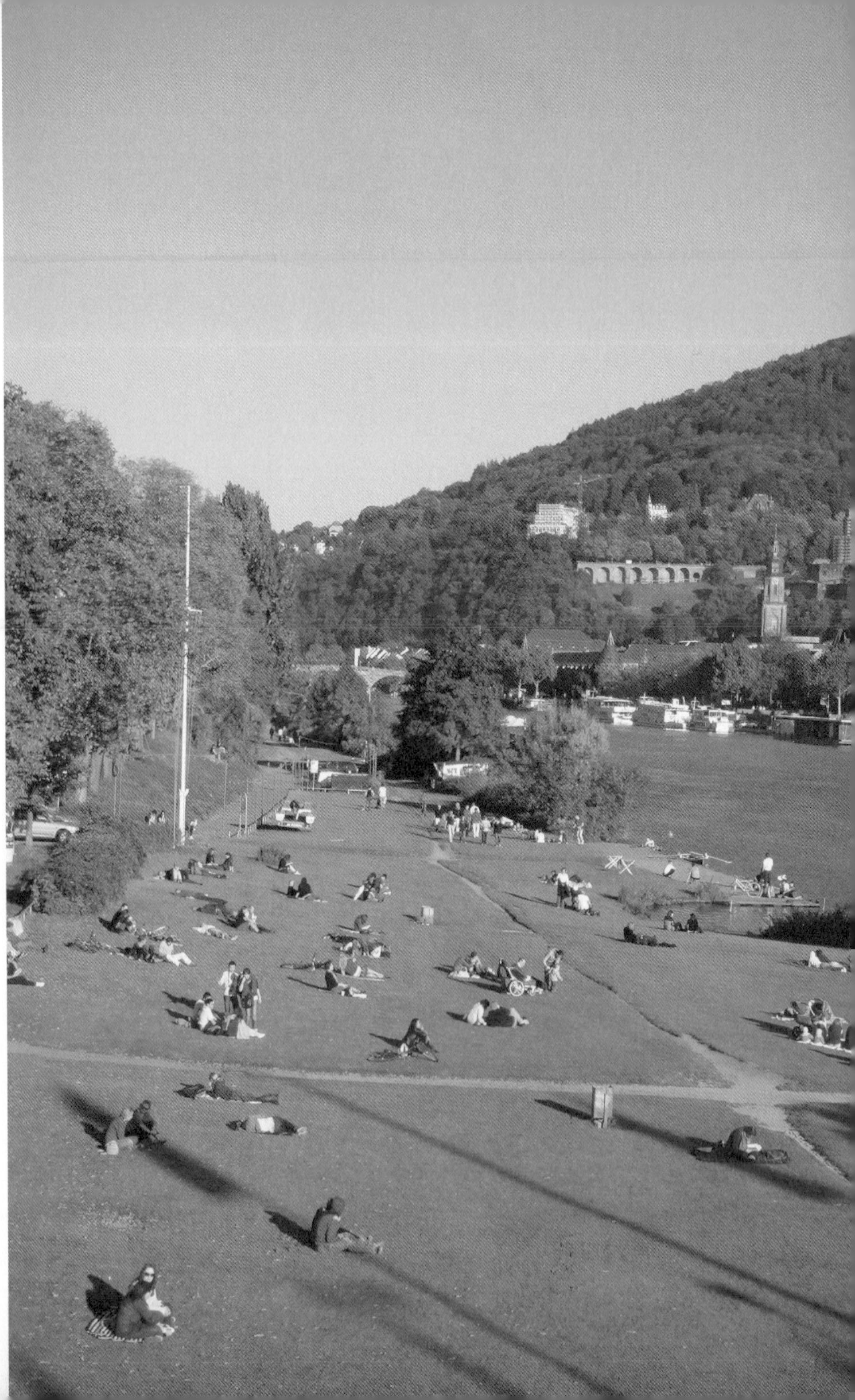

笑

德國人天生謹言慎行，不愛諂媚，自然也不會甜言蜜語。有話直說的個性，即使讓人聽起來覺得很不順耳，也只能默默吞下。通常他們會直接讚美一個人的好，但也會用輾轉的幽默來掩飾他們對人的肯定與讚賞。他們也不愛表達自己開心的一面，好像怕人家覺得他們很不正經似的。唯一會讓德國人真正自然地表現出開心的只有兩件事，一是小孩，一是狗或貓等動物同伴。

他們覺得一個人無故的笑，是一種如同瘋子似的傻瓜行為，所以如果我們覺得很尷尬的時候，會笑得很靦腆或是因為遲到而感到抱歉面帶微笑時，他們會不解，因為覺得遲到應該是該感到不好意思，為何要笑呢？這種不好意思的笑，對我們來說其實是一種抱歉，而笑也是一種禮貌，為了保持禮貌以微笑或一種無奈、勉強地笑，代表無言的抱歉，德國人似乎是無法理解。

這些文化差異，其實我們不容易察覺出來，因為他們只會覺得很奇怪，為什麼中國人或亞洲人那麼愛笑，有理也笑，無理由也亂笑一通。記得二十多年前，當時很少台灣人來過德國，我在一次聚會中，請教一位來過德國念書的教授，他說德國人看到人亂笑，會真的以為這個人秀逗，現在事實證明確實是如此。

後來在德國待久了，慢慢習慣他們的嚴酷性情，總讓我感覺，他們這麼吝於對人微笑，是跟寒冷的天氣有關。因為德國的冬天戶外一片冰天雪地，臉部一旦被凍到像冰塊，連講話都會顯得生硬，更何況要展開容顏對人微笑。在寒冬的氣候，北風如刀，要伸展嘴部邊緣肌肉，其實就像是要撕裂什麼一樣地不自然，我自己在德國的冬天這麼冷的氣候下，其實也是笑不出來的。久了以後，自己不笑，看別人笑，反而會覺得別人不正經，這也很奇怪。

或許是這樣的原因，讓德國人吝惜他們的微笑。像「我一見你就笑」的情歌，在德國應該是無法普遍得到認同的，看到人就笑，只會被當成傻子看待，不會被當成是愛戀者，這點是台灣與德國國情上的大不同，所以當台灣女孩對德國人有好感時，千萬要記住這點，別因此讓德國人會錯意，反而失去愛情，自己還搞不清楚狀況。

打嗝有失禮貌，擤鼻涕像吹喇叭

在德國人面前打嗝是很失禮的事，其嚴重程度就如同我們放了響屁一般不雅。這點我在剛來德國時是完全不知道的，當時在德國學生圈中混，也沒有人跟我說。直到有一次旅遊，我借宿在一對台灣夫妻的家時，不小心打了個嗝，那位太太才好意提醒我。之後我很認真地觀察德國人的生活習慣，果然在我周圍都沒發現有人打嗝，即使是夫妻也一樣。有一次我察覺老公想打嗝，卻看到他很用力地避免發出聲音，誇張的動作就像是要把氣吞回肚子裡面一樣，也真是難為他了。

相對於打嗝，德國人擤鼻涕則是可以大聲到嚇人的。到現在我還深深記得，在剛到德國沒多久時，有一天我在德國語文學校的課堂上，當時大家正在專心做練習題時，突然有一陣很大的擤鼻涕聲從教室的某個角落發出來，我因為很專心寫練習題，結果被這聲響給嚇到整個身子震了一下。後來我轉頭查看四處，只看到我語言班的年輕女老師，正在教室的角落用力認真地擤著鼻涕。知道那震耳欲聾的擤鼻涕聲，是出自這位年輕有氣質的德國老師時，讓我對她的印象大打折扣。

後來我發現，德國人擤鼻涕真的非常大聲，因為他們認為這樣才能把鼻子清潔乾淨，如果擤鼻涕不這麼大聲，好像就不徹底。其實這也有一點點道理，因為德國的冬天很冷，鼻子很容易會因為外面的冷空氣與鼻內的溫差太大而積鼻水，鼻水積多了就要擤鼻涕，而德國人做事一向認真，所以連擤鼻涕也要認真徹底，為了要求乾淨，大聲擤鼻涕自然也無可避免。

另外也因為德國人的鼻子構造比我們東方人大，鼻腔空間大所形成的鼻內氣腔也大，所以清潔鼻子時的摩擦氣聲就會有如吹喇叭般地大聲，我這樣說真的一點也不誇張。我當初被年輕女老師擤鼻涕的聲音嚇到，真的就是像吹喇叭一樣大聲到令人震撼。我曾經在冬天嘗試要擤鼻涕擤很大聲，但都無法與他們的聲勢相比。有機會冬天到德國，聽到擤鼻涕的怪聲音時，請不要太驚訝，因為那是人家正在護理他們的鼻子，我們不要太大驚小怪。

水中體操與游泳

記得我懷孕後期，德國的助產士有開一堂水中體操的課，建議我們這些準媽媽們參加水中體操鍛鍊體力。水中體操的課，地點是市立醫院地下室的游泳池，費用是保險公司給付。一向喜歡玩水的我，當然不想錯過這次水中鍛鍊，所以我每堂課都準時去上，我們在溫和的水中做上下肢肌肉延展操、水中跑步，並藉用保麗龍製的可彎曲浮水長條的浮力，讓大腹便便的我們可以浮於水上踢腿。等我們上完課，馬上就看到泳池旁，有一些媽媽帶著剛出生到一歲之間的小嬰兒在等待下水，他們是上嬰兒親子游泳課，可以讓嬰兒重溫在媽媽羊水中的生活，讓寶寶熟悉水性，將來比較不怕水。當然生產後，我也很快地成為他們其中的成員，我帶著三個月大的寶寶，幫他戴著套在手臂的游泳圈，在我的攙扶與歡唱歌聲中，寶寶盡情玩水、上上下下沉潛轉圈，他樂得咯咯叫，好不有趣。

生於內陸型國家的德國人，看到水就會想下水游泳，實在讓人難以想像。記得我年紀超過七十的德國婆婆第一次到台灣時，我們一起去南投的某個小瀑布旅遊，小瀑布從山上流下來，在山間形成一個水池，當時戶外溫度是二十多度，池水是山間的清泉，超涼的，在德國出生的丹尼當時只有五歲，早就與他不怕冷的爸爸下水嬉鬧，而我婆婆也完全沒有多做考慮，脫了衣服就下水，另外一對德國朋友也下去玩得很開心，這五個德國人在瀑布下的水池中，玩得不亦樂乎。雖然我也已經在德國生活近二十年，但對於這種清涼的水，我還是靜遠觀之，足以！而德國人也搞不懂台灣人，怎麼有這麼好的泉水池，卻不下水游泳。

德國雖是靠海不多的國家，但德國人幾乎各個都是游泳健將。德國的天氣很冷，但大多數的人並不怕冷，反而很喜歡雪景。或許冰冷的天氣，反而讓德國人喜歡水。我的德國公公已近八十歲，他到游泳池除了會做芬蘭浴流流汗，也會游泳游上幾百公尺。德國不管是公立還是私立的室內溫水游泳池，冬天都有暖氣，公立游泳池雖然著重游泳訓練，但除了標準池，一定也會有給小孩用的淺水池，因此常常可以看到小朋友與父母在溫水中玩水、學游泳。室外游泳池則只能在夏天使用，除了泳池外，還會有超大片的草皮與兒童遊戲場，當然也會有沙地可以玩水、玩沙，夏天時常可以看到一些穿著有尿片泳褲的幼兒在淺水區嬉鬧，他們溜著小小的大象造型滑梯，一遍一遍地上上下下溜，好不快樂！大人如果不玩水的話，也可以躺在草皮看書或閒躺曬太陽。

私立室內溫水游泳池最熱門的季節是冬天，因為它們都有大型的水上溜滑梯，有的溜滑梯還有年齡限制，讓大人、青少年和小孩都可以有不同程度的驚險體驗。冬天雖冷，泳池除了水溫會升高外，也有露天空間讓人可以游出去，感受頭冰冰但身體暖呼呼的水中奇異體驗。有些私立游泳池還有人造海浪，可以讓不常有機會到海邊的德國人，享受海浪推動上浮下沉的體驗，冬天時人們在游泳池裡面玩得熱呼呼，但看到玻璃窗外的是飄雪的白色景觀，實在是挺不可思議！

◀先生北安與Baby上讓嬰兒的適應水的游泳課。

◀婆婆芭芭拉抱著丹尼上游泳課。

旅行用品包，帶出門超方便

德國的父母出門時，都會帶著孩子同行，即使剛出生三天，也不管是冬天還是夏天，他們都不會擔心嬰兒外出時會有適應不良的問題。所以兩年前我家小男生出生時，在我們所收到的禮物中，令我感到最貼心的，是好朋友送我的禮物——裝嬰兒用品的旅行袋。

外觀像裝手提電腦的提包，很適合新好男人攜帶，向上打開的提包，裡面分成三層，可向左右側打開摺疊，底層可向下攤開，上下展開長度約七十公分長，內有襯棉外裹。

防水的布料方便父母隨時隨地幫小嬰兒換尿片，而攤開兩側摺疊處，也可裝換穿的衣物、尿片、清潔紙巾，摺疊好的提包旁邊的網狀袋可裝奶瓶，前面的兩個小袋子則可用來裝奶嘴、紙巾或小玩具。

新生嬰兒一天可排便四～五次，有了這個提包簡直棒極了，因為在旅途中嬰兒排便時，就不用等廁所，連在戶外的草地、平台、車上，都一樣可以換尿片，不必擔心會弄髒，也不怕孩子的小屁屁受涼，方便好用，外型也好看！

學駕車

在德國經常可以看到雙B的車子，價格也沒有在台灣那麼貴，可是學駕車的費用卻貴得驚人。德國並沒有駕駛訓練場，所以只能在路上學開車。教練的座位有煞車、油門與離合器的踏板，所以車子其實是他在開的，如果上路時有狀況，他必須負全責。通常學開車的人需要有至少十二個小時的特別車況時數，包括高速公路、快速公路與夜間駕駛，學習費用是一小時約三十五到四十五歐元；普通市區道路的學習費用是一小時約三十歐元，再加上基本上課時數及筆試與路考費用，一個人最少大概要一千八百到二千歐元，換算成台幣的話，八萬元幾乎是跑不掉。德國的教練車都是手排的，如果想要考自排車，則需要特別約時間，考試時也可以選擇考自排，但持自排車駕照不能開手排車。德國車目前很多都還是手排，租車時如果需要自排的車子，需要事先預訂。德國人也比較喜歡開手排車，他們覺得自排車好像是給不會開車的人開的，手排車對他們來說，也比較有運動感（sportlich），我常笑說右手上上下下排檔，真的很有運動感。

我是個開車緊張型的人，當年在懷孕時學開車，是想說學會開車以後，要載孩子到哪去都比較方便。我在懷孕三個月左右學，心裡希望可以快速取得駕照，但事實卻完全不一樣。當時住家附近有一家學車學校，我沒有想太多，就去註冊報名。上理論課的同時，一邊也開始開車上路練習，我以前不知道自己對車的認識這麼少，就如同教練所說的，我好像是一輩子都沒見過車的那種人。我對車子一問三不知，德文稱這樣為「Keine Ahnung」（聽起來像呷鴨蛋，台語發音），他年紀雖大，卻一點耐心也沒有，我除了要聽德語手腳並用外，還要被他兇，心裡雖然不爽，可是想說應該還是可以撐到考試，當我肚子大到碰到方向盤時，也是懷孕六七個月了，教練把特別情況的時數都補足了，就告訴我說：「下星期去考試。」我雖然很緊張，也沒有把握，但聽教練很肯定的說我可以，我就真的去考了。

要先考過理論考試，才能路考。我是標準台灣訓練出來的學生，筆試時靠臨時抱佛腳，背一背模擬考題就考過了。但路考才是大難題，每次考試費用都是兩百多歐元起跳，路考考試時，除了教練，還會有一個考官坐在後座。考試開始，我上座以後，教練與考官也都上車問候過我後，他們就輕鬆地聊開。而我，正忙著開鎖。第一次，鑰匙插入後，怎麼也轉不動，東想西想，哇咧，不會連車子啟動都不會，就這樣浪費兩百歐元吧！教練也不能提示什麼，而我心跳加快，急得滿身大汗。兩分鐘以後，我好像有印象，方向盤要轉一下，鎖才能開，我就轉動一下方向盤，果然轉動鑰匙後，車子呼出了悶悶的聲音發動了，我鬆了一大口氣。接下來，看左邊後視鏡，再轉頭看車身旁死角，安全地把車開上了街，可是一路上還是腦袋空空地，手腳不聽使喚，應該說，手腳不知要聽什麼使喚，心跳也不斷地加快速度，我都可以感覺到每個心跳在胸腔的打擊了。慢速駛出，在巷弄裡都還能憑著教練教過的技巧應付，但到了大馬路，我的害怕加劇，總覺得對面來車會衝撞到我，我害怕到整個頭皮發麻、手腳無力，直想棄車潛逃！

可是又不能跳車！只好埋頭繼續。考官會在更換方向時告知左右轉，其他時間就是輕鬆地與教練東扯西扯。我緊張的心情，一點也沒有因為他們的聊天而感到輕鬆。通過了一個練過且熟悉的路段，也會紅燈右轉了，再來就上省道的快速公路。車一上省道公路，車速就要變快，我的心跳也跟著加快，排檔從三檔變四檔，我踩著離合器，要再變五檔時，手排檔卻怎麼也無法扳上去，車子發出隆隆地怪聲，而我在快速車道上，雖然沒有其他車，但手排檔卻卡在中間，手排檔怎麼也不動了。我開始流汗，呼叫救兵。後座的考官說話了，他說：「劉女士，妳的排檔桿要放回原來位子。」果然我撥動了一下排檔桿，踩離合器再扳上去，就上了五檔。阿彌陀佛，終於可以了。

後來再開一段時間，教練莫名其妙地踩煞車，扳上手煞車說：「不行」可能是我換檔不對還是什麼的，考試沒過，要我下車跟他換位子，他繼續開車回考試的地方。之後雖然覺得很丟臉，但還是如釋重負。然後我就要生產了，產後三個月，我帶著Baby繼續練，因為理論考過，有一年的有效期，超過一年，理論考要重新再來。之後，換學校換老師，甚至每天搭火車到慕尼黑去找密集班上課，我總共考了六次，當中因為已經超過一年，所以我的理論考再考了一次無缺失，但路考仍然沒有過。有一個教練最後對我說：「Frau 劉（劉女士），我當了十五年教練，覺得沒有駕照的人生是百分之九十七的完美，這應該是可以接受的事。」剛開始我不懂他說的含意，想了一下後，終於了解他是在指我沒有開車天分，他實在無能為力，我也只好跟著苦笑。

最後我實在不敢算三年來的學費總共繳了多少，我想粗略計算應該有五千歐元吧！換算台幣也花了至少二十萬。在德國考駕照是沒得賄賂的，後來想想我開車時實在是太緊張了，這對自己或別人都不是好事，萬一不小心，命就丟了，太不值得！

有一次聚會，一個朋友問我是開什麼車來的？我說Benz，他以為我很有錢，我解釋說德國的公車都是賓士車，我是請專業人士開車，自己也不用煩惱停車位的問題，很方便！我現在樂於這樣的慢生活，也習慣出門前先看幾點有車。在火車上可以自由走動、去餐車買冰棒、吃飯、喝下午茶，享受著沒車的生活，至於開車，就交給專業人士吧！

癌一個月

吃了一個月的素，現在比較敢吃一點魚肉。剛開始很怕死亡將近的感覺，感覺我好像拿了一個放大鏡，看到自己被放大的生命終點站在不遠的前方，這個終點一下子變得具體起來，沒有猶豫，不能延遲。

Shock過去了，接下來呢？開刀住院時，我接觸到比我嚴重的病友，終於覺得自己不那麼孤單，也為彼此打氣。出院後，彼此也不想多做進一步的認識，雖然是天涯同路人，同病相憐，不過只僅於醫院即足，多知道一個故事的結局或後果，並不會增加彼此的幸福。

現在我每天都要去做放射線治療，大家跟我一樣都拿著一個包包，裡面是一條大毛巾。因為治療台太冰冷，還有衛生理由，所以需要鋪一條個人的大毛巾，不知道台灣的病患是否需要帶？超冷的房間裡，有一個可以上升的長方形檯子，很像手術台，鋪上毛巾後，病人必須上身全裸躺在上面，手臂抬高，不可動。眼睛正前方的大圓形盤子狀的放射機器罩著我的上身，裡面有一個閘門，對準事前就在身上用筆做好標記的部位做放射，之後圓盤會由上方移到右側與胸齊高處再照。做放射線治療是局部的，像是照X光一樣。每次走進治療的房間，就好像去了星際爭霸戰（Star War）的場景，有著大型超現代機器，而人躺在Table上接受照射，想像它正在殺細胞，好像也可以把人帶到另一個空間與時間或直接把人變不見。

第一次做完放射線治療，我本來沒特別感覺，但兩小時後開始覺得手麻、手掌冷冷的。第二天更覺得好像一直綁著止血帶的感覺，我心裡覺得毛毛的，開始做呼吸練習，也做養生操，我把這唯一的一本生活禪氣功書拿來猛練，有空就敲膽經、壓穴道。現在在等著做治療時，我都會勤練打坐或呼吸，因為朋友告訴我癌細胞不喜歡在有氧的環境生存，所以吸氣後靜止呼吸數十秒，讓氧在身體久一些，可以預防癌症。我自己這樣做時，覺得手腳都會暖暖的，好像真的增加了功力可以抗癌。

德國為了保護病人不受感染，醫師會開處方單，讓病人可以請健康保險公司付費請計程車接送。於是，我每天都有計程車可搭。如果說不嚴重、不要緊的話，哪需要這麼保護病人？有的病人從五十公里外來的，還有計程車司機可以陪著等，司機等待病人治療的費用也由健保給付。有住在德國的台灣人覺得台灣健保便宜又大碗，因為認為德國健保這個不付，那個也不付。但他們可能不知道德國健保會幫忙負擔這些周邊服務。聽說德國的家庭主婦生病，還可以要求醫師開給先生病假，讓先生在家帶小孩。另外家中有幼兒的家庭，如果先生不方便請病假，也可以申請傭人來家裡做家事，費用也是由健保公司付。我做完治療後，還可以去別的城市療養，即是所謂的Kur。療養三周的費用，也是健保公司給付。我的健保公司是Gesetzlich，是一般的健保公司，非私人的保險公司。

現在我是個醫療上的病人，對醫院來說是個統計數字，沒有什麼太大的感覺。德國的癌症諮商是免費的，所以我也去找了心理諮商。他們的專業人員很親切，花了一個半小時與我聊天。我們天南地北地聊，有人傾聽也很好，生活中感到沮喪的、不快的與不解的都可以拿出來說，雖然她不是朋友，卻頗能接納我。有人拒絕談論這種問題，但我是個喜歡說出來的人，有人聽，我就講，有沒有道理是另一回事，但在那裡有人把妳當成一回事就很重要，你不再是一個數字，而是一個有血有肉有感覺的個體。在醫院看著醫生太中性而沒有感情的職業表情，我會覺得自己很渺小，但在諮詢處我覺得自己被重視，或許每個人都是這樣吧！我們都是自己的王，即使生病了也會希望別人能好好地對待我們，而不是公式化的老套與專業。

病人除了是正常狀況外的人之外，更需心理支持。

在別人的國度，想家

取經的歷程
神奇有趣，有笑有鬧，
只有唐三藏才知道箇中滋味

一九九一　如唐三藏
將自己擲出
猶如　拋物線
德國落地

讀德語，啃德語，
近來教中文，
蒸菜頭糕過年

生產，養兒，
沒有娘家

看到人傻傻點頭
不知所云，
說服自己這裡
沒有歧視

二十年來，
試著懂他們，
他們卻永遠不懂你

有如失根的蘭花
要在
別人的國度
生根

剛開始隻身來到德國時，覺得自己像一隻螻蟻，自己的死活不會有人在意。很容易傷感，一到佳節就倍思親。一個人在國外的生活，如果沒有好朋友要快樂真的很難。

即使自己是因婚姻與小孩的關係選擇了這裡，寂寞已不在，但想家還是會的。現在有網路與便宜的越洋電話，想家時隨時可打電話，不再像早期那樣的心疼通話費，可是在這裡住久了，還是會有衝動——想回家，就算只是窩在家什麼事都不做也好。

現在回家叫度假，度假還要東跑西跑地找朋友見面，說起來回家更忙碌，因為時間表排得滿滿的。在台灣時看到別人留洋或在國外居留，總是覺得心裡酸酸的，認為別人不愛家鄉。可是自己出國後，才知道每個出國的人，都有不得不留下來的苦衷，國外的生活不見得就那麼美好。「那為什麼要住國外，台灣不好嗎？」對於這個問題，我真的很為難。老實說，國外環境好，所以我選擇在國外生活。可是這個誠實的答案，常被情緒化的解釋為崇洋與數典忘祖。

台灣的環境過度開發，人口密度高，競爭非常激烈，勞工待遇差，我們出國疏解大家的競爭，把資源讓出來，其實對台灣就是一種貢獻。有人說，優秀的人應該回來為祖國效力，因為國家培養你，不回來就太辜負了國家的栽培。或許吧！但我不是人才，這樣的考慮還輪不到我。我只能說雖然我人不在台灣，但我用行動救援了台灣三百隻流浪狗，還有因為關心台灣的國際地位而所做的公益行為，也絕對沒有比任何在台灣的人少，反而因為距離的關係，讓人可以有沉澱的機會，也讓我對台灣的各個團體與個人都能保持等距的關係，沒有人情的牽絆，就事論事得到的效果，絕對不會比在國內差。再說，國外的資源若能善用，更可為台灣人開一扇心眼的窗。

我也常接待一些來德國的台灣人，與他們聊天時，有時會覺得彼此的想法真的遠到無焦點，這才驚覺，如果我回台灣還能適應嗎？那種不能溝通的窒息感是無法言喻的。台灣一直有尊師重道的倫理，但在德國，對是對，錯是錯，哪有長輩講得都是對的道理？如果是這樣，那就沒有真正的科學了。想家，也讓我想到自己的離婚，讓家人很沒面子。以前在台灣，覺得某某人離婚是多麼不好的事，大人們說得那好像是很敗家風的事，言下之意是要我們這些年輕一輩不要效法。可是，到了適婚年齡，我也跟著風風光光的結婚了，因為對象是外國人，許多好久不見的親朋好友都來道賀，我自己也感到光采。可是只有結了婚的人，才知道婚姻是多麼荒謬的事。

與歐洲人結婚已經是非常單純的事，但對第一次踏上紅地毯的人來說，沒有預防針可打，兩個人真實相處，才會知道何謂包容。原來包容是把兩個有個性的人，弄得完全沒個性。如果結婚是件被祝福的事，難道離婚就不該祝福嗎？當事人覺得不能再相處在一起，他們要分開，為何大家要說東說西的呢？離婚比結婚難，因為那需要道德勇氣，還要克服旁人的評論。即使是這樣，他們還是執意分開，我們應該高興他們解脫了才對。

台灣的家族裡，常有許多流言，但這些有時是非常傷人的。家人與家人間很少直接談論問題，反而會因年齡長幼之別而論所言之輕重。到現在，我仍很少在家族裡發言，因為總覺得自己年紀最小，說話沒分量，不如不說，或者不敢說。另外，我們常被告知什麼是好的，什麼是不好的，卻從沒能去問為什麼好，為什麼不好。再加上獨子與傳香火等男尊女卑的觀念，也讓人非常反感。老一輩的人吃了這種苦，為什麼還要讓我們年輕人繼續受？難道這就是人類苦難的歷史無法終結的原因嗎？我們為何要學歷史，我們為何要知道家族史，不就是要從歷史中學習，讓歷史不再重演嗎？看來身為個人的我們都不可能改變家族的命運，更何況擁有實質利益的政治人物，掌握權力時也是不會去看歷史的軌跡的。

如果我們回頭想想，在傳統與家庭的個人經歷中，有時真的是會有一些恐怖的回憶。在國外與台灣的親友講電話是滿足一種思鄉之情，但每當我講完電話，知道以前束縛我的一切傳香火的傳統與民俗祭典中虐待動物的習俗仍然存在時，我經常會失神，錯愕自己的離開並沒有改變那個地方什麼。到現在我還是很害怕權威，因為我從小是被嚇大的。德國是一個沒有長幼有序的國度，凡事對事不對人，讓人能說清楚，也講得明白，所以我喜歡留在這裡，到底我的未來會怎樣，還有那麼重要嗎？

肆

社會福利在德國

不用燒炭也能生活——社會資源公平分配

剛剛與台灣的朋友聊天，談到台灣的政治人物與企業金主脫離不了關係。政治人物的婚喪喜慶，參加者多是企業主，彼此完全不避諱，大剌剌地展現政商勾結的現象。其實哪裡是只有政治如此，在台灣講求排場、名牌，而且政經關係的金錢文化，已讓大家不拜金都很難。金錢在台灣真的有它無法比擬的重要性，它可以把草包變皇帝，大家也唯他是從，金錢就像是台灣的救世主。要在德國生活，當然有錢也很重要，可是它不至於讓人失去人格。德國社會福利給民眾的基本保障，是讓人可以不必屈膝以求生存，而人與人競爭的猙獰面，也不那麼露骨。

君子之國也要有可以培育君子的環境，社會資源是屬於大家的，還是掌握在少數貴族或企業主身上，就看社會福利制度的設計。怎樣的設計，可以貧富平均卻不至於均貧，這是政府的責任。在「民主」的過程中，雖然把舊世代的權貴剷除掉了，可是如果體制不變，換上來的也不過是另一批新權貴，那又有何不同？如果我們經過民主選舉，還是改善不了貧窮與弱勢，這就是告訴我們，或許人人都有機會可以出頭，但每個人一旦當上新的權貴後，大家保護自己的利益都來不及了，哪裡還會想到老百姓？

德國的稅制，是依家庭背景來扣稅，扣稅後才是真正的所得。也就是一個單身漢與一個家庭裡的父親或母親即使做同樣的一份工作，會因繳交的所得稅與社會福利保險的不同，最後拿到的扣繳稅後的薪資，可能一個月會差到一萬元以上的台幣。單身者要被扣最高的稅，因為他們年老後的照顧責任就要落在國家身上。另外，企業主如果要請員工離職，也要按照家庭背景的情況，來作為請員工離職的先後順序。

台灣的員工在為公司服務一段時間之後，因年紀漸大，都很怕被後輩的年輕人取代，因而戰戰兢兢不敢隨便休假，以免讓老闆不高興被炒魷魚。在德國，只要你在半年的試用期過後，凡是已婚的、有小孩的，都不會成為第一批被炒魷魚的對象。在這裡問人家一個月賺多少錢，其實是一件有點愚蠢的事。因為那與你的婚姻狀況，還有是否有小孩都有關。德國的社會制度讓有家庭的人（單親爸爸與媽媽也算是有家庭的人）領較多的薪資（當中不包括政府補助），也繳較少的稅與社會保險。

有人說德國的基本薪資比台灣低，會說這話的人，是太不了解德國了。德國的確是有一種薪資只有四百歐元（約一萬六千元新台幣）的工作，但會做這種工作的人，絕對不會是家庭的主要收入者。原因很簡單，在德國只要你沒有收入與財產，也沒有親人可以扶養你的話，政府就有義務要安頓你，這當中包括住與一般生活費，光是一個人，社會局就要給付六百歐元（約兩萬四千元新台幣）左右。你想，會有人不拿社會局的兩萬四千元新台幣，而寧願做一萬六千元的工作嗎？這種低薪資的工作，大部分是給退休者及學生這類需要副業的人做的，主要是用來貼補家用，絕不可能是家庭主要收入者的薪資。

大部分的德國人都有自己的車，每個人的穿著也都很有自己的風格，所受的教育也有一定的程度，大家對自己的生活都尚稱滿意，幾乎每個德國人都表現出自信滿滿，無需用金錢與名牌來填裝自己。在德國，如果一個人坐霸王車或是講話沒水準，即使再有錢，人家也不會尊重他。因為即使他家裡有金山和銀山，也買不到尊重。

德國人的薪水在扣掉稅與社會福利費用之後，所得就真的只剩原有的一半。台灣人可能覺得很奇怪，為什麼德國人不會哇哇叫？原因很簡單，在德國開車四通八達，上高速公路完全免費；學校教育從國小到中學完全免費；大學多是免費的公立大學；看病也免費；老了之後還有淨所得六〇～七〇％的養老金（需工作三十五年以上）。人人生活有保障，就不會讓民眾因為羨慕有錢人而感到自卑。一個有為的政府，即使必須扣很高的稅，但也還是能讓民眾感受到他們的生活被照顧得很好。羊毛必然是出在羊身上，但也必須要讓人得到相對的福利，才能讓羊樂意地被拔出身上的毛。

德國紅十字會。

產假薪資，健保買單

根據台灣新聞的報導，一名婦女在懷孕七個月時，公司的老闆為了避免付全額的八周薪資，迫使這名婦女離職。據報這並非少數特例，在台灣許多懷孕婦女都有類似的遭遇。婦女生小孩，對誰有利？在少子化的台灣，當國家需要人時，當然就更應該多費心思保障產婦的權利，否則誰還要生小孩？如果以這個觀點來看，所有的產婦，包括受僱與非受僱者都應受到合理的保障。

德國少子化的問題很嚴重，因此政府也相當重視這個問題，為鼓勵婦女懷孕生子，法律保障德國婦女可以有十四周的產假（包括產前六周、產後八周）期間淨賺全薪照領，費用由健保與資方共同負擔。大多數人投保的健保公司（在德國稱一般的健保公司為Gesetzliche Krankenkasse）給付一天十三歐元（約新台幣五百二十元）給產婦，與淨賺全薪不足的差額則由資方給付。

即使是失業的產婦，也可以拿到等同生病時向保險公司申請的生活費用（Krankengeld），這筆費用為全薪的六成；已經有小孩的產婦則是領七成的全薪。對於投保私人保險公司的人，國家的中央保險局會給付一個月二百一十歐元（約八千四百元新台幣），與淨賺全薪不足的差額也是由資方負擔。台灣的產婦如果以月薪三萬來算，保險給付一萬五的話，公司老闆則只需付一半的薪水即可。畢竟產婦的利益，是國家總體的利益，而非資方的利益，資方雖然也有照顧受僱者的責任，但受益的國家也是需要負擔相關責任的。

希望台灣政府在大談促進經濟發展的同時，也要考慮多多注意國家人口的成長，畢竟保障產婦的權益，就是保障國家未來的命根。

育嬰津貼

台灣朝野對育嬰津貼尚無共識，國民黨要求以全體被保險人平均投保月薪資的八〇%來計算，但勞動部大喊吃不消。台灣逐漸朝向補助弱勢的福利國家轉型，是正常也是應該的。不過在轉型期間，也要考慮到公平與合理。

德國也因為少子化的關係，從今年起送給了正在育兒的父母們一個大禮，就是發放長達十四個月，其全薪淨所得六七%的育兒津貼，給在家照顧小孩的父親或母親，這筆津貼每個月最少有三百歐元（約新台幣一萬二千元），最多不可超過一個月一千八百歐元（約新台幣七萬二千元），所以每個有嬰兒的家庭最少可拿到新台幣十六萬八千元，最多約新台幣一百萬零八千元，這樣的制度真是羨煞旁人！

另一種福利是原來就實施已久的補貼型津貼，也就是兩年的教育津貼，這部分就要依據父母在小孩出生前一年的年收入來計算。分為在小孩出生之後未滿半年之內，如果父母前一年的年總收入未超過三萬歐元（約台幣一百二十萬元）才有資格申請。而六個月到二歲的幼兒補助費用申請規定更嚴格，必須要父母的年總收入未超過一萬六千五百歐元（約台幣六十六萬元）才能申請。具有資格申請的家庭，可月領三百歐元（約台幣一萬二千元）持續兩年；或者是僅領一年而每個月領四百五十歐元（約台幣一萬八千元）。另外，不管父母的收入是多少，父母親可從小孩出生到工作之前，也就是至少十八年，每月領一百五十四歐元（約台幣六千一百六十元）。

像德國這樣的福利國家，對於投資自己的未來，可謂用盡心機、想盡辦法。可是齊頭式的平等，對高收入的家庭來說並沒有太大的幫助，站在國家照顧未來人力的立場，給予有嬰幼兒的家庭補助津貼是必要的措施，台灣在考慮育嬰補助津貼時，或許可以商議出合理的模式與補助規則來幫助最需要幫助的家庭。

補充說明

一、二〇一〇年起德國的育嬰津貼增改為：第一個與第二個小孩，每個小孩的兒童津貼是一個月一百八十四歐元，第三個小孩月領一百九十歐元，第四個小孩月領二百一十五歐元。

二、本書歐元匯率均為：四十元新台幣兌換一歐元。

三、參考德文網頁：http://www.bafoeg-rechner.de/Hintergrund/art-976-kindergeld2010.php

▶茵果市兒童青少年部會派車到社區遊樂區，帶遊樂設施與益智遊戲給社區的孩童玩。

◀行動圖書館車。

◀行動圖書館內部。

請跟孩子談死亡——給重症孩童的父母

最近在德國看到一篇文章：一位七歲的女孩因為病重即將死亡，她的父母沒有對孩子說明真相，只是一直用謊言安慰孩子，但孩子心裡卻完全明白自己的病情。孩子也不敢與媽媽、爸爸談論，她生前只能寫很多信，並藏在房間的各個角落。她走了之後，父母在她的房間裡讀著一封封的信，信中滿滿的話，都是她不敢問也不敢講的。她最終帶著遺憾走，但給她的父母留下了滿滿一屋子的話。

大人們千萬不要小看孩子，他們也會希望父母不要傷心，所以對於父母逃避的事，他們不講也避談，但孩子雖然身體病了，心智仍是健全的，他們愛父母也害怕父母會傷心，所以選擇不去觸及相關話題。但即使是面臨要不要換器官的考慮，其實父母都應該跟孩子談，傾聽他們的想法。因為他們不是傻孩子，只是裝傻，年紀稍大的孩子都了解什麼是危及生命的病，以及這些疾病所代表的意義。

他們會害怕死亡，也同樣害怕殘疾與充滿不適的治療，而長期住院與重複住院更讓他們失去了朋友，這對他們來說，都是負擔，所以不要拒絕親友來探望他們，因為維持一點與外界的接觸是很重要的。年紀稍大的孩子，對死亡了解得很確切，而為了不讓父母也擔心害怕，他們經常是選擇沉默不說的。為了減輕孩子的負擔，有一件非常重要的事，就是給孩子機會，讓他們與父母或他們信賴的人談談他們心裡的害怕。

德國健保——老吾老以及人之老

從台灣報導得知，民眾對健保費的調漲非常不滿。因為經民眾試算之後發現，一個月入八萬七千六百元的單薪家庭，本人加上家中三名眷屬，一個月要付五千元的健保費，占總收入的五・七%；但以一個單身者來說，同樣月薪八萬七千六百元，卻只需付單人的健保費一千一百九十六元，占總收入的一・三%。針對這個問題，健保局財務處經理承認，當初的健保調漲機制並未考慮到單薪家庭。

在德國包含一般健保費（gesetzliche Krankenkassen）與護理保險，就占了受雇者薪資的七・三～七・七四%，這比率比台灣高出許多。但德國健保會支付一個月之後的病假及直到病癒這期間的生活費、出生嬰兒的初期費用（母親產假十四周津貼）、長期療養的費用，以及護理照護費用，因此並不能完全與台灣的健保混為一談。（即使民眾失業了，勞工局仍要幫失業勞工給付健康與護理保險費。）不過再怎麼樣，在德國一般保險公司，單薪家庭也只算一份健保費，而不是像台灣這樣以人頭計算。從這點我們可以看出，德國的健康保險是比較人道的，因為一個家庭裡只要一人投保就全家受惠。另外二十六歲到三十歲的大學生，則要台幣三千多元左右，三十歲以上大學生則要超過五千元的健保，但也是遵照一人投保全家受惠的原則。

就是因為單薪家庭的受薪者必須要負擔家庭所有的家計，所以站在社會福利的立場，實在不應讓有家庭的單薪者被扣比單身者更多的保險費。從這裡可看出德國與台灣政策考量的出發點完全不同。在台灣是使用者付費的觀念，有多少人享有健保，就要負擔多少，完全沒考慮有家庭的人其開支比單身者多許多；而單身高薪者，不但無後顧之憂，也只需付少之又少的健保費。在這種制度下，成立家庭就變成像是一種處罰似的，等於變相鼓勵民眾單身，這樣實在不人道。德國的健保制度對已組家庭的人來說，就相對人道許多，當然如果伴侶月收入超出三百六十歐元，也是必須要自付健保費的。

在此我也要強調，德國政府也不是錢收得比較多，就能夠解決所有的問題。德國實施健保制度已有百年以上的歷史，除了向受雇者收費外，他們的雇主也要支付幾乎同樣的費用給保險公司，德國在這種高費率的健保制度下，保險公司還是年年虧損，因此德國的前車之鑑不得不讓台灣引以為鑑。在健康事業上，若沒有一個有效而透明化的監督系統，即使給健保公司再多錢，也等於把錢丟到無底洞，仍然會拖垮健保的財務。所以，我們絕對不要相信健保局說只要繳的錢多了，服務品質就會變好這種話。德國健保保障的內容與系統和台灣雖然不同，但最近也一直被詬病，像是醫師開較貴但無效的藥，或用療效較差的治療療程讓病人活受罪。

還有私人健保公司鼓勵醫師開刀，即便非必要也開。造成這些弊病的原因，當然是因為比較貴的藥的藥廠，給了醫生很多的好處，所以醫師就會儘量開他們的藥，但病人並沒有專業知識去判定好的藥與不好的藥，只能吃了才發現自己花了最多的錢，卻得不到最有效與最好的治療。全世界的醫生在健康事業中都有他們的優勢，但怎樣讓病患得到最好與最合於經濟效益的服務，這些全不在健保的考慮中，在德國這種已經做了長達百年的保險事業的國家，都會發生醫療資源浮濫亂用的情況，更何況是才剛起步的台灣？

◀探望住在老人院教我們英文的Gustavo Ziegler先生。

◀茵果市Caritas老人院的夏季節慶日舞台表演。

了解失智，關愛老人

她，一個身體狀況看起來沒有問題的老人，坐在窗邊，兩手合十，緊閉著嘴，看起來很害怕，不知所措。她其實很和善，很喜歡人家親近她、抱抱她。如果你走過她的身旁，她會拉住你的手，親親你的手，希望你能多留在她身邊一會兒。她幾乎很少說話，偶爾她會突然從嘴裡冒出幾個單字，但很少說出成句的話。喝湯時，偶爾可以自己吃得不錯，有時會一直吐出來，有時則只是含在口中，彷彿不知道下一個動作應該是要吞嚥下去一樣。她的手中也常握著一些紙，或是在身上藏一些抹布或手紙。如果沒有人在她身邊，她常常恍恍惚惚、局促不安，好像不知道要做什麼一樣？

根據醫學報告，德國六十五歲以上的老人有百分之七患有失智症，台灣則是百分之五。而年齡在八十五歲以上的老人，有將近四分之一罹患失智症。從失智人口的年齡分析中可知，年齡愈大者，失智的機率愈高。這個研究顯示，很多高齡老人，因為失智而無法好好享受人生暮年。

想要了解失智症患者的病情，我們可以做這樣的比喻：人的記憶與閱歷，如果可以比喻成一排一排的圖書，那麼它們應該是整整齊齊地排在書架上，當人的年齡越大、閱歷越多，排在書架上的書也會越多。而失智症患者書架上的書，一開始會從後排也就是最近幾年的開始倒塌，早期是倒塌一本或數本，過些時候是數十本，最後全部的書都會散落零亂。也有人把他們的記憶比喻成拼圖，人的記憶如果是兩千張整齊且已拼好的拼圖，失智症病患的拼圖會在症狀初期時少幾張，再來是數十張、數百張，最後完全不成樣。記憶渙散的人，有的就像活在過去的某個時間點，一個七十歲的失智症病患，可能會認為自己只有五十歲或三十歲或者更年輕。站在鏡子前面，他們會認不得自己，還以為鏡子中的人是陌生人，因此感覺身在家中卻有陌生人侵入，讓他們感到害怕。

生活在以為自己還是三十歲的他，當年可能在工作，所以失智症老人有時會有要去接小孩或該去工作的錯覺焦慮。時間感不對也會讓他們對日夜的感覺倒錯，有時會在凌晨四點的夜裡站在關門的洗髮店前想要剪髮。經常知覺錯亂，讓他們也感覺到自己怪怪的，但不敢說出來，而常常忘東忘西，也會讓他們感到有人和他作對、要害他，最後也會像其他精神病患一般有妄想、攻擊的行為。

另外一個失智者的問題，是失去語言能力，剛開始時，他們會找不到正確的字詞來表達，就用其他詞替代，但到最後會無法表達出完整的句子，只有單字。失智者到最後僅存的、最真實的就是他們的感覺與直覺。他可能不知道你說了什麼，但他卻能記得喜歡的歌的歌詞與音調。因此嘗試向他們解釋，不如帶著他們一起做，因為觸覺是最直接的，可以讓他們感受到你的友善與熱心。

失智症病患通常是老人，老人們因為在家中德高望重，所以會認為一般年輕人都要聽他們的。有這種情況的老人，會很容易與家人起衝突，而老人不聽年輕人的建議，也會造成照護的困難。失智症聽起來好像不是什麼嚴重的病，但病人平均患病期長達七到八年，且病情惡化很快，很多病人最終因吞嚥困難造成肺炎而逝世。如何陪伴他們，讓他們有尊嚴地度過夕陽老年，是我們的社會應該重視的問題。

▶住在茵果市失智者公寓的洪保女士。

▼住在茵果市失智者公寓的思賀女士。

醫療體制的缺失——復健無望

當我看到網路上大家在談醫療經費與法律觀點時，不禁想到二〇〇四年四月因摔傷而失去知覺不醒人事的父親。我記得當時父親顱內出血很嚴重，導致完全失去知覺，全身只剩一隻右腳能無意識的活動。住院一個月後，醫師認為他沒有意識不適合做復健。等我再進一步了解狀況後，才知道原來台灣的醫療體制中，復健只能在門診進行，不能因為需要復健而住院。也就是說當時我父親的外傷問題已經脫離危急的狀態了，剩下的只是復健，但這點並沒有符合住院醫療的條件，所以醫院不能再讓病人繼續住院。至於復健，只能等病人出院後再回門診來做。這樣聽起來好像有道理，可是對一些無法坐輪椅來門診的重度待復健之病患，這些規定簡直是阻絕了他們在最好的時機做復健的權利。

在我所受的醫學教育中告訴我，病人的復健要愈早做愈好，即使是被動的復健也要例行進行才會有良好的預後。但是醫師卻語重心長地說，台灣不像國外有專門提供給復健病人做復健的醫院，能有床位給復健病患讓他們在第一時間做必要的復健。我不禁徒感悵然，原來台灣的復健制度是只為能回門診的人而設的。

我們都知道，人體的肌肉是要時常活動才不會萎縮。一個病患不論是否失去意識，在癱瘓的情況下，早期的復健工作扮演著非常重要的角色。現在我的父親四肢恢復得很不錯，也可以坐輪椅了。但他的意識仍不太清楚，僅偶爾能認得人，也有一些表情。因為他的意識不清，加上人力無法配合，使得我們沒辦法讓他每天或經常性的到門診接受復健，五個月下來，父親原本敏捷有力，爬玉山都沒問題的雙腳變得非常消瘦軟弱，連那從沒失去活動力的右腳也因沒有活動而無力。只有手恢復得還可以，能做一些簡單的示意動作，但握拳的力氣還是很弱。

一切靠自己的結果，雖然讓他在四肢的活動上有所進展，可是因為沒有做專業的復健，使得他五個月沒有使用的肌肉，要再恢復到能做一般動作的可能性非常低。因為每天僅能靠鼻胃管餵食營養品及半碗的稀飯，父親的營養攝取並不夠，再加上五個月沒動的肌肉又瘦又垮的，使他五個月下來就像老了十五歲一樣。想想我德國鄰居，去年摔斷大腿骨的七十五歲老阿嬤，在開刀把骨頭接好後，經過一個月在復健醫院的全天照護復健下，竟不必再坐輪椅就回到我們的社區來了，我不禁覺得復健真的十分神奇。她原本是拒絕去做復健的，所以只能天天坐輪椅，後來醫師說服她去復健一個月，回來後果然就能拄著活動支架走路了。

台灣不只是身體方面的復健治療制度不健全，就連精神方面也同樣缺乏中途的重建處所。我本人在德國是服務於協助精神病患復健的協會，協會向政府租地蓋房，提供住所給精神病患，並會有專業人員到住所照顧可以獨立生活的病患們的生活起居，依病患需要提供一天四到十二小時不等的照護。這樣的院外照顧，也等於是精神病患的復健治療，可以重建他們的生活能力，減少病患再回去醫院住院的機會，同時也大大減輕了健保的開銷。

台灣的醫療一向講求醫治層面，只要人沒有急病，剩下的就都是家人的問題了。這種認為復健不是治療的觀念只要一日存在，就沒有人會為病患爭取復健治療的權利。沒有復健的醫療猶如跛腳的醫學，現在的醫學可以救很多人，但很多病人到後來要出院的時候都只剩下心臟能跳、肺能呼吸，但四肢卻無力無法活動。醫師只管救病人的生命跡象，卻放著日漸敗壞的肌肉功能不管，雖然能使神經系統恢復主導肌肉的功能，卻無法支配鬆弛不能運動的肌肉，這樣真的很可惜。很多年輕人受傷後，人生還很漫長，難道也要面對沒能及早復健的窘境嗎？這樣是多麼的不公平啊。

德國觀察——社會救助的智慧

自從德國憲法法庭提出，失業家庭的孩童必須有與其他家庭孩童一樣受基本教育與參與社會的機會後，德國各相關政府單位就必須於近期內擬定政策，讓接受社會救助的孩童取得與其他兒童一樣的受教權與參與社會的權利，這些權益不能因家庭經濟拮据而被迫放棄。

德國因為特殊的國小四年級後分班制，使得德國成了世界上因社會階層高低而影響受教程度高低最大的國家。許多弱勢家庭因為無法提供課後輔導的經費，而讓小孩失去得到充分學習的機會，因而影響了這些兒童未來的受教權。

之前德國的女勞工部長鄔蘇菈馮德雷恩斯（Ursula von der Leyens），為了提升接受社會救助的孩童受教與參與社會活動的機會，例如上課輔、體育課或音樂課，而提出用教育卡來協助這些家庭的小孩。她認為若僅是提供經費給這些家庭的父母，有些父母可能還是不會讓孩子去上輔導課，而是拿去做其他花費，如抽菸、喝酒。因此，她要用教育卡的方式來保障弱勢家庭兒童的受教權。但此舉也引發了不少爭論，因為這將牽涉到這些家庭父母的自主決定權。

如果想要取得教育卡，首先這些父母必須帶著小孩一起到負責申請經費的單位Job Center去，承辦人員可以提問，請小孩回答為何他需要課後輔導、買書包或計算機，也會在小孩面前提出嚴峻的反駁理由，小孩與父母在求助的過程中必須看承辦人的臉色，這樣是否是對弱勢家庭的一種人格貶抑，值得探討。還有，部長憑什麼揣測這類家庭的父母，不會把補助費用確實用在孩子的課輔與體育課上？其實多數的單親或單薪家庭的家長，都會節省自己的生活費用，而讓孩子能有更多去上課輔的機會。之前在柏林也有免費的體育課程，但接受救助的家庭的孩童占參加者的比率只有百分之一點多，因為政府宣傳不力，也讓該受益者無從受益；另外像漢堡雖然有推廣與宣傳，也不過大約只有十分之一接受救助的家庭參加。如何讓接受救助者得到資訊，也是應該列入考慮的重點。

也有專家認為，許多受助家庭欠缺的不僅是教育問題，他們也是被教育單位訪問最頻繁而孩子最後被送感化教育比例較高的家庭，這些孩童不僅需要更多的受教機會，也需要更多的教養。更有專家認為，在沒有具體的研究數據出來前，用揣測的心態隨意做出決策，是非常突兀的事。光用教育卡就想解決弱勢家庭孩童的問題，實在是不可能。目前德國多數小學仍只有上半天課，研究數據顯示，增加更多的整天課程及充實授課內容，讓學校去配合孩童的學習能力，而非要孩童去適應學校缺乏的師資與課程內容匱乏等問題，才是務實具體的解決之道。

法蘭克福羅馬人廣場的正義女神噴泉。

德國的專業照護

閱讀「精神病患不是罪犯」一文後，我心有戚戚焉。我曾在台灣的精神醫療界工作數年，目前在德國也從事相關的行業。

德國沒有長期關住精神病人的機構，除非是疑似有精神問題的罪犯。處理一般精神病患的事務是由多重管道的社會網絡來支援。因此，家人不是唯一需要扛責任的人，也無需背負決定病人去處的責任。在德國的精神醫療體制中，精神病患出院後會有專業照顧者負責做家庭訪視與協助照顧。其實面對精神病患並不如一般人想像的可怕，專業照顧者會陪伴患者，並協助他們重拾一般正常生活的能力。他們可以與家人住，也可以自己住，或與病友一起住在一般的公寓內，不必一大群人居住在一個社區，自然也不會有鄰居抗議的問題，德國的精神病患就和一般人一樣，住在自己可以料理自己的生活起居的地方。

如果是被法院判定為失去行為能力者，這類的精神病患在德國的法律上必須有一位監護人，這個人可以是家屬或朋友，家屬也可以放棄當監護人而讓專業人士來擔任，此監護人若非病患熟識的人，則是由法院來指派，如果病患沒有能力支付監護費用，那麼國家就會負擔這筆費用。監護權的範圍也必須規範清楚監護的事項，例如決定住處、醫療、處理財務及其他事務。監護與否與監護內容都需與患者協商取得同意。

另外，監護人並非永久的，法院每年都會指派法官前往審視、探訪病患，並由法官逐年決定這個監護工作是否仍有必要，並取得病患對監督人選的同意。如果法官覺得病患不需要被監護，那麼這位病患馬上就可成為有行為能力的人。在德國的醫療院所就醫時，如果患者不是精神病患，而醫療院所人員有需要約束病人的肢體時（如有攻擊或自傷之虞），也必須取得法官的同意，如果因為緊急需要來不及請法官先同意，也要於事後補上法官的同意書。

由此可見德國的法官是人權的把關者，並不只是判斷是否有罪的終結者。

▶帶思賀女士到麥當勞吃冰。

▶帶思賀女士到大賣場Westpark鬧區逛街。

伍 綠色能源在德國

ATOMKRAFT? NEIN DANKE
Das Kapital regiert bis die Erde krepiert!

德國從日本核災學到的教訓1──安全比經濟利益重要

自日本三一一大地震引發核災後，德國立即停掉七個核電廠的運轉，連之前提過要延役的機組也一律免談。日本的核災，使得反對核能發電成了德國全國的共識，就連朝野上下的立場也一致。

幾年前就已經宣布要撤除核能發電的德國政府，在前一陣子為了達到減碳的目的，發現核能發電是可以達到減碳目標的可行對策，而開始對反核的政策做修正，希望能讓核電廠延役，並積極對各界做解說。而今一個日本核災，就讓距離日本有九千公里之遠的德國政府，意識到核災的可怕。就連過去一向重視經濟發展的自由民主黨（ＦＤＰ）也喊出：「安全比經濟利益更重要。」而原本支持核能的執政黨現在也改口：「戰爭時撤退比進攻更難。」德國政府確實是知錯而改，善莫大焉。

地震對德國人來說，幾乎是完全陌生的事，德國距離現在最近一次發生的大地震約是在七百年前，而目前德國核電廠的防震措施僅有七級。今日德國政府看到工業發達的日本發生核災，雖然日本與德國一樣擁有先進的工業，卻應變困難，而造成人力與財力損失慘重，都深深讓德國人感到心驚。德國人說，日本的科技、工業與德國實力相當，如果位處地震帶的日本所蓋的核電廠都不能防阻天災所造成的傷害，那麼德國憑什麼掛保證核能發電一定安全？如果保證失靈，所得的惡果將會影響全球，因此德國朝野決定不再做造孽的人。

德國從日本核災學到的教訓2——選票決定自己的安全保障

二〇一一年三月二十七日德國綠黨在第三大邦巴登邦（Baden-Württemberg）得到全面的勝利，得票率二十四・二%，比上一次選舉大幅提升十二・五%的支持率，高於合作的友黨社會民主黨（ＳＰＤ）的二十三・一%，綠黨贏得較多數選票，也改寫了綠黨的歷史。德國綠黨在一九七〇年代開始醞釀社會運動，直到一九八〇年才成立政黨，是德國第三或第四大的政黨，主要以綠色運動為主軸，堅持環保與永續生態。其堅定的綠色主張，在近年來得到許多德國民眾的認同，在德國兩票制的選舉制度中，曾於一九九八年與友黨社民黨一起執政過七年，其中最大的政策改革就是宣示非核國家，並計畫於二十五年內關掉德國所有的核電廠，不再使用核電。這個關鍵性的宣示，幾乎成了德國現今立國的基本國策，很難動搖，也是綠黨對德國最大的貢獻。

二〇〇五年輪替上來執政的基民黨（ＣＤＵ）與自由民主黨（ＦＤＰ）基本上是親近資本家的保守政黨，二〇〇九年在經濟危機的風暴下，人民再度託付信任給他們，讓他們連任。但二〇一〇年時執政的兩黨開始為資本家說話，並以減少二氧化碳的溫室效應為藉口，企圖為核電平反，並核准巴登邦的兩間核電廠延役，此事引起德國社會普遍的不滿，認為政府失信於民。

日本三一一地震發生後，核災造成的輻射危害，不僅讓全球震驚，也讓德國執政黨立即改弦易徹，在巴登邦大選前提出關掉七個核電廠以及不准延役的政策轉折。當時執政黨的政治人物才在幾周前為核電安全辯護，後來都噤口不敢再提，並拿出「安全比經濟發展更重要」的理由來搪塞。該邦執政的首長在地震前還確認核電廠可以延役，並大手筆地用邦政府名義買下核電廠，準備大賺核電延役的利潤。日本三一一地震後，該邦首長雖表面反核，但在內部會議時卻仍說等人民度過地震的驚嚇後再做延役，不巧會議紀錄被露，此舉又引起全國譁然！

德國民眾在面對花招百出的政治人物時，表現反而出奇的好，這次選舉，支持資本家並大力擁護核能的FDP少了五％的選票，得票率僅有五・三％，與友黨CDU的三十九％，當前執政的兩黨僅有四十四・三％的綜合得票率；而綠黨得到二十四・二％與SPD的二十三・一％，共有四十七％的支持率高於目前的執政黨，所以可以重新組閣。值得一提的是，過去綠黨或其他小黨的直接候選人都很難贏過大黨的提名人，但在這次的選舉中，綠黨的直接候選人卻有九人當選，也刷新了綠黨的勝選紀錄。

一位美國政論觀察家說，德國自二戰後一直在找新的價值觀，而綠色主張已經成了德國人擺脫納粹與共產主義之後，所自許的最高價值觀。選票在全國民眾手上，民眾也以自己的一票來決定自己的未來。

▲▼二〇一〇年，德國人抗議在戈爾萊本置放核廢料。（Friederike Grabitz／攝影）

從德國看核電

在二〇一三年三月九日的「二一〇〇周末開講」節目中，台北市議員王鴻薇說：「德國廢核那一年冬天，德國死了很多人，很多老先生、老太太還有長期失業的勞工因為繳不起電費，最後被凍死了，因為德國很冷，這是事實……」

最近核能話題超熱，但是王議員為了破壞德國廢核的形象，在沒有任何求證下就隨便亂講，這是非常不負責任的。首先，請王議員要搞清楚，德國的暖氣幾乎很少用到電，大多是用瓦斯或油將水加熱後產生暖氣，再讓暖氣經由中央管路系統發送到各處，有些地方則是用火爐取暖，但也不用電，因為用電太沒有經濟效應，也不划算。老人家會因繳不起電費而凍死的，只可能在別的國家，因為這種事幾乎不可能在德國發生。

德國是個照顧弱勢的人道國家，他們規定房子裡如果沒有暖氣設備就不能出租，政府不但補貼房租，也一定會補貼暖氣費用，所以在德國幾乎不可能有這種事情發生。我住在德國超過二十年，還沒聽過德國有人因繳不起電費而凍死的事，因為暖氣費用就在人民應該享有的福利中，貧窮的人不需要繳這筆費用，也就沒有繳不起的問題。

另外，蔡正元立委說倘若廢除核四，就表示未來不能再增加額外的用電量，也就是說不能再蓋台中、高雄與台北的捷運；也不能蓋五層以上的大樓，因為大樓電梯也需要用電。這種說法，簡直是危言聳聽。廢核電是個政治決定沒錯，因為日本核災的震撼，德國政府因此強迫自己必須為替代核電找出路，這是一個有願景且願意承擔發展能源責任的國家，表示他們已經具有文明與進步國家應有的擔當。如果沒有強制的手段，大家還是會繼續拖下去，直到完全依賴核電。核電永遠不能廢，這絕不是德國政府要的決策。

目前在德國到處都可以看到利用太陽能發電的再生能源設備，早在五年前德國就以國家贊助的方式，在民眾的家或建築物面向南方的屋頂上，蓋起了金光閃閃的太陽能板。另外政府也補助經費，讓私有化的電力公司向民眾買電。一般市井小民在屋頂上蓋太陽能板發電，然後把電賣給電力公司，再向電力公司買電回來用，如此一來一往之間民眾都還有利潤能賺錢。

現在在德國搭火車或開車到市郊時，也都可以看到很多鄉下地方的田地已經不再是綠油油的穀物，取而代之的是閃亮亮的太陽能板。德國善加利用夏天的長日照來發電，還可以把多餘的電賣給法國。因為法國夏天缺水嚴重，導致無水可用來冷卻核子反應爐，因此無法生產足夠的電，而必須向德國買電。即使有核能發電廠卻沒有水也是不行的，因為核子反應爐需要大量的水來冷卻，這也是核電廠多蓋在海邊或河邊的原因。

太陽能發電的好處是可以彈性地發電及使用，核能發電在用電高峰期時，可能會來不及產生足夠的電量，而在不需用電時卻必須要長時間冷卻核子反應爐，所以核能發電僅能提供最基本的用電量，幾乎沒有彈性可言。在台灣，夏天用電高峰期時就可以用太陽能發電來替代核能發電；而晚上較不需要使用那麼多電時，也就無需運轉那麼多的太陽能發電設備。德國工程師認為台灣是非常適合發展太陽能與再生能源的地方，因為台灣有山、有海、有風，開發與尋找替代能源不應該是問題，只是我們要不要敦促自己去尋找替代能源罷了！到目前為止德國也還在摸索中，因為光靠日光與風力所製造出來的再生能源還是不夠，必須還要結合傳統的火力發電，才能維持目前所需的電力，但是以一個高科技的工業國家來說，即使各國還在猶豫與算計中，他們還是認為自己的選擇是對的。

德國工程師曾說，電費漲了又怎樣，大家一個月只不過需要多付兩盒香菸錢或者兩杯啤酒錢，一堆人還是買得起、也照樣開名貴的車，這些有錢人有什麼好訴苦的？天底下確實沒有白吃的午餐，對於電費的調漲，福利國家對經濟較拮据的人會有基本的照顧，因此電力絕對可以重新再分配，德國人有這樣的信心，然而擁有豐富天然資源的台灣，政府不但不鞭策自己發展替代能源，還只會用惡質媒體來愚民、操控人民！

德國用有機垃圾產電

我們所居住的城市茵果市，目前正在發展有機垃圾能源。方式是將有機垃圾液化成液態，發酵過程中所產生的有機氣體就可用來發電。這種方式不但可以發熱、發電，還可以減少三千公噸的二氧化碳排放量，並且可以製造有機肥來取代化肥的使用，還可以減少民眾垃圾處理費用的負擔。用這種方式發電，每一萬八千噸的有機垃圾（Abfall），能提供六百戶的四口家庭用電，它的意義在於完全不需用到天然資源，因為家家戶戶分類後的垃圾就是發電的來源。

德國電力的選擇

德國的供電與電線管路搭建並沒有單一的管理機構，如台灣有台電這樣的公家機構統一管理，而是由民間四大集團（Konzerne）共同供應與運輸全國所需的電力，公營的電力公司Stadtwerk只是屬於集團中的一個，也就是說電能不是全由公家單位供應。

因為是民營機構，就會牽涉到集團互相競爭與利益糾葛的問題，所以這些大集團必須遵守德國政府制定的電量基本價格與規範。比如電力輸送的管線租借費用，不能超高收費而造成市場壟斷[6]，並強制規定這些集團必須優先採購再生能源。（參考EEG，Erneuerbare-Energien-Gesetz，再生能源法http://de.wikipedia.org/wiki/Erneuerbare-Energien-Gesetz）

從以上連結的分析圖中，我們可以看到德國再生能源的發電來源，包括水力、風力、有機沼

注6／超高收費會讓別家民營公司不想租借，就算租用了，競爭力也就幾乎沒有，而擁有管線的大集團就能完全擁有輸送電的市場，進而造成市場壟斷。就像台電擁有輸送管路，如果將來開放民營競爭，它可以把國家出錢已經鋪設好的管線的租用費用，調到無限高，那麼其他的民營公司就不會租用，而台電便可以獨大且隨意定價。

氣及太陽能等。德國的再生能源發電已逐漸發揮功效，近十年來已占了近德國用電量的四分之一，而其中風力與有機沼氣發電占了最重的比率。

德國政府規定，所謂的再生能源就是不再使用耗竭能源所產生的能源，而電力公司必須收購這些再生能源。再生能源的收購價與一般電力的收購費用差距，會由公款來補助。所謂的公款就是政府要求的再生能源補貼費用，這是根據再生能源法而來的。補助津貼的公款來源，本應由所有德國廠商與個人分擔，但CDU執政黨為了圖利財團，讓大廠商免去分擔這筆費用的義務，因此小市民與小企業就必須增加再生能源補貼的負擔，這也是德國電費這些年來調漲的原因。

就像電信公司民營化一樣，國營電信公司雖有原有的電纜線優勢，但仍必須合理讓渡或租借給私有公司，讓大家都有競爭的能力。目前台灣全權透過台電管理全國電力，但因台電自己有能源政策的考量，所以限制對民間太陽能發電的購電量。他們規定自己只需要購買多少限量的電，並讓供電的民間單位以低價競標，而未得標的民間企業或個人將不能保證可以賣電給台電，如此的政策無疑減少了民間自己產電的意願，自然也減少了利用再生能源發電的機會。

相對於台灣，德國政府對再生能源政策是持著鼓勵、肯定與開放的態度，不會規定限制購買再生能源電力，甚至要求再生能源的產電一定要被優先購買，這點與台灣的做法截然不同，也就是這樣關鍵性的決策，才能真正做到鼓勵電力公司與民眾利用再生能源發電。

電的運輸也一樣，電力需要管路運輸到各處供人們使用，在德國產電的是一個集團，運輸電的又是另一個集團，彼此在政府的價格規範中自由競爭，有電線管路的集團不能高價出租以壟斷市場，讓對手失去競爭力。在德國民眾想換電力公司也不麻煩，就像換電話公司一樣，只需要在網路上填填申請單，新的電力公司就會馬上處理了。德國各電力集團都會提供電價的換算程式，讓民眾可以查看在哪個地區使用哪家電力公司的電費是最便宜的。因為商業競爭的關係，電力業者將各種資訊透明化，也提供不同消費者有不同的用電選擇。

比如業者會提供不同來源的能源用電給客戶，像是大多使用水力等再生能源發電的電力，或是最省錢的電費費率，都可以讓消費者自行選擇。喜歡再生能源的用戶，即使是使用市府電力公司的供電，也一樣可以用市府電力公司中的使用最多再生能源產電的電費選項，價格都可以換算比較。各電力公司更提供能夠隨時解約的服務，就如同手機電信公司會提供各種個人需求的服務一樣。德國的消費者可以不必完全依賴市府的電力公司，不像台電無論怎麼開價，台灣的使用者就只能照單全收。

以下是靠近多瑙河畔的茵果市市府電力公司的電力來源圖文分析說明，本是電力公司供應給茵果市市內及市外居民平均用電如下圖所示：其中再生能源加總超過五八％，核能供應只有八％。從業者提供的分析圖中，民眾可以清楚知道自己用電的來源是什麼。

茵果市電力公司供應市區內居民用電的電力來源分配圖

產生二氧化碳（克）/每千瓦/小時	387
具放射性核廢料/每千瓦/小時	0.0003

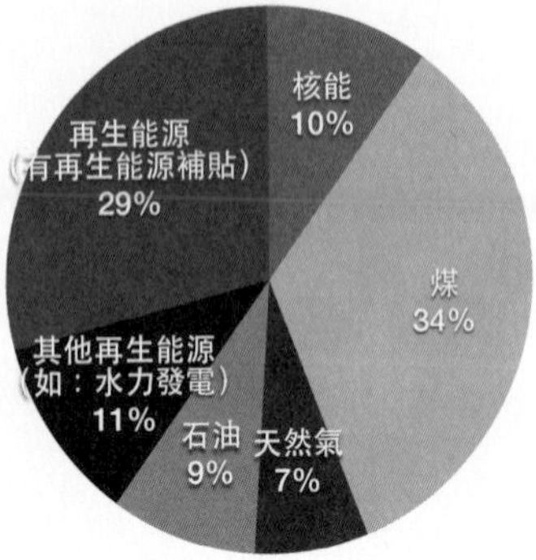

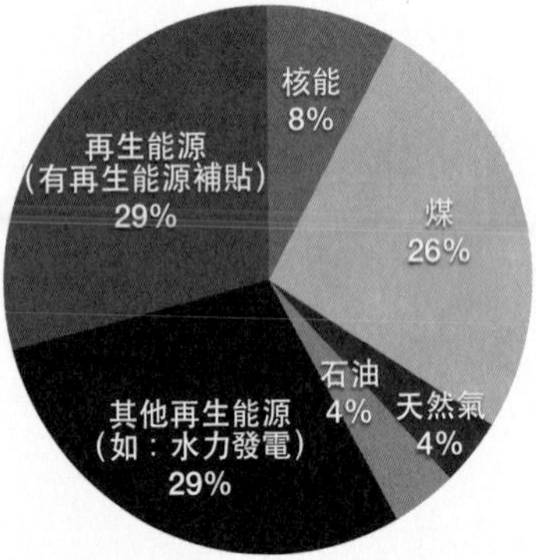

茵果市電力公司供應市區內與市區外居民用電來源之平均分配圖

產生二氧化碳（克）/每千瓦/小時	300
具放射性核廢料/每千瓦/小時	0.0002

比較：全德國產電（一般供電）來源

產生二氧化碳（克）/每千瓦/小時	522
具放射性核廢料/每千瓦/小時	0.0005

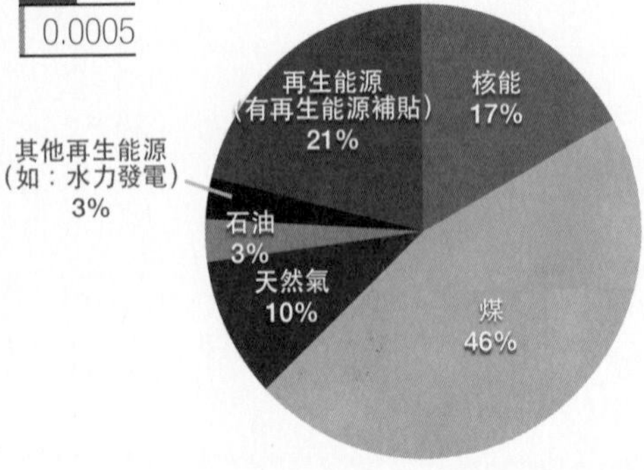

二〇〇一年時核能占了德國三〇%的產電比率，到二〇一三年只剩十五%。根據預估德國只要再七年的時間，也就是二〇二一年時，就可以達到非核家園的目標。這就是早點起跑的大好處，透過經驗與精算只需要二十一年就能達到非核家園的理想。一九九八年社民黨與綠黨開始執政，二〇〇〇年宣布廢核的政黨（SPD）與綠黨共同制定了再生能源補貼條例，期望能在二十五年後廢核，而現在我們看到德國的預估反而還提早了四年。當年的執政黨社民黨目前仍與CDU聯合執政，一起繼續對政策負責。綠黨雖然自二〇〇五年之後不再執政，但他們在與大黨SPD共同執政的七年間，卻讓德國朝向非核國家具體大步向前跨進，綠黨當年以只有六・四%的得票比率，與社民黨共同聯合執政，如今雖然也僅是有八・四%左右得票率的小黨，但在德國建設成為非核國家的轉型上，卻有著關鍵性的歷史地位。

▲▼巴登巴登的住家跟商家屋頂，多裝設有太陽能板設施。（胡蕙寧／攝影）

德國廢核電大家談

受訪者：德國市民

第一位　使用一半再生能源與一半電力公司提供的電

H. Bauch 博士／五十四歲／男／地質科學家

一、你認為廢核正確嗎，為什麼？

廢核是正確的，因為對人口密集的德國來說，風險太高。

二、廢核有代價嗎？電費確實是因為廢核而漲的嗎？

有。但是使用核能發電所需要的核能研發、建造及廢除，都需要用到龐大納稅人繳稅的費用，尤其是核廢料對環境污染的代價更無法估算。

關於電費部分，我沒有確切估算過。

三、廢核後，對你的家庭跟工作的影響是？

廢核對我的家庭與工作兩者皆沒有影響。

四、你會怎麼跟孩子解釋廢核的問題？

我會用世代正義與不污染環境的想法來解釋給孩子聽。

五、給台灣廢核的建議？

台灣人口比德國更密集，要承擔核能所造成的污染與核災風險更高。德國在車諾比核爆時也是受害者。日本與台灣地質相近，因地震造成的核災風險也一樣高。台灣不應該忽略這個問題，這些國家都給我們很大的借鏡。台灣有高山可以用水發電，有太陽、有風，各種再生能源發電的可能性都可以利用。也可以混合不同來源的能源，以提供穩定用電，不需非要核能不可。不贊成廢核電者多是年紀三十歲以上的人，比較保守。

第二位　家裡用市政府提供的一般用電

B. Grabitz／五十二歲／汽車研發工程師

一、你認為廢核正確嗎，為什麼？

廢核正確，有更少風險的能源可以使用，為何要用這種高風險的能源？而且核能需要的原料是出自地球，我希望我們使用的能源是不會耗盡地球資源的能源。

二、廢核有代價嗎？電費確實是因為廢核而漲的嗎？

廢核的代價大約是一年多六十歐元的用電費用，也就是一個月要多花一盒香菸的錢（五歐元），我想大家應該都可以接受。

電費漲是政治因素的問題，不是真的廢核就會漲電價。目前德國電價本身並不貴，消費者最後要買的電是政府的分配與優惠不均造成的，這也是近來CDU執政黨執政以來，電價調漲的主要原因。

目前我們的CDU政府執政以來，電費就一直漲，而過去SPD政府是宣布廢核的執政黨，他們執政七年間電價卻沒有明顯成長，為什麼？這就是大家需要深入了解的，不能被政府矇騙。CDU執政以來，給了大廠商優惠，這個優惠就是不需共同分擔再生能源補助金額，而且優惠案例還一直在擴大增加中，這也造成我們這些市民就得分擔比較高的再生能源補助金額。

目前德國的太陽能技術提升很多，可以大量生產降低成本，但官方補助也因此變低，CDU執政黨所制定的官方補助經費低得無理，目前已經讓很多廠商因為拿不到足夠的補助而必須往國外跑。這樣的結果，就像是我們自己把研發的成果雙手奉送給外國。早期市民與政府花大錢所培養出來的太陽能技術，因為執政黨的錯誤政策讓廠商帶著大家的投資成果轉往國外發展，這種惡質的政府逼跑太陽能廠商，實在太可惡。

不需共同分擔綠能補助費用的大廠商越多，小市民就需要負擔更高的綠能補助金額，而現在這些大廠商因為太陽能或風能技術提升而獲利，但他們工廠運轉所需的大量用電卻是由小市民買單，當然就會造成大廠商占盡小市民便宜的現象。

另外，能源的生產若集中於某大集團也會損害民主，造成市場壟斷，而小市民裝置太陽能設備或小型產電廠就可以提供相對較彈性的用電，電價也沒有壟斷的問題。（http://www.kwh-preis.de/wp-content/uploads/images/infografiken/strompreis-entwicklun）

三、廢核後，對你的家庭跟工作的影響是？

廢核對生活沒有影響。

四、你會怎麼跟孩子解釋廢核的問題？

我們要為以後的世代著想，地球的能源不應該被我們用盡，地球也不應該繼續被污染。

五、給台灣廢核的建議？

台灣的太陽日光照射比德國強上三倍到五倍，需要用到高電量的冷氣也以白天為主，這就是利用太陽能最好的時機。有太陽時剛好也需要冷氣，那麼就用太陽帶來的能源產電，這樣不是很理想嗎？

所謂核能發電的穩定性，其實沒有絕對的必要與好處，因為民眾一整天與每個季節的用電量，本來就會因時間點的不同而有不同的需要。而台灣的用電季節與時間差異比德國還大，核電絕對無法提供這樣的需求給需要很大彈性用電量的台灣，所以核電對台灣完全沒有好處。我們要知道，在不需要用那麼多電的時候，核能產生電後，也必須要將它耗用完，所以有些地方會把電拿來用在高速公路的照明設備上，以便讓過多的電得以耗費掉，這其實是一種不必要的浪費。

海浪潮汐發電，電從「蠔」中來

目前北蘇格蘭的工程師正嘗試用海浪來生產能源，但巨大而不曾被打敗的捲浪，怎會那麼容易就被輕易駕馭？

德國二〇一〇年九月的「時代周刊」曾報導相關海浪、潮汐發電的消息。英國北蘇格蘭群島周邊的風浪巨大，原本只有捕魚維生的漁船會出沒的群島附近，現在有一座世界最大的海浪發電設備，它位於距離海岸約五百公尺處的海上，從海面上看像是一個十公尺長、一公尺寬的管子，實體則如一把椅背會浮動的躺椅漂浮在海面上，定時接受海浪往前推動的推力產出電能。這個看似一艘浮艇的發電設備叫蠔（Oyster）。目前雖然尚在實驗階段，但是經過長期精算，英國在未來可以有五分之一的電是由海浪與潮汐來提供。

一個開發另類發電設備的集團Renewables Uk表示，如果英國政府在二〇二〇年之前能投資兩億歐元做這項先進的開發，預期將可讓此能源供應一百四十萬戶的家庭用電。蘇格蘭部長Alex Salmond認為，這項技術未來如果能成功發展，他們就可坐收像阿拉伯那樣的資源，因為目前十個海浪潮汐發電設備中有九個就在蘇格蘭，他們只要發給其他國家使用執照就可享有很多財富。到二〇二〇年時，這個由四個企業集資的發電技術，將可產生一千兩百Megawatt（相當於十二億瓦）的電，其中德國的天然氣能源公司E. On將能得到一百Megawatt。

事實上目前的實驗與理想還有一段距離，研究機構負責人Neil Kermode認為，目前海浪潮汐發電的發展階段有如當年萊特兄弟發明飛機，仍在不斷地發展與嘗試中，距離計畫成功尚有一段時間。Eillen Linkder也補充說，與風力發電的科技相比，海浪潮汐的技術還差二十年到三十年左右，資金是未來是否能發展成功的最大關鍵。

各國能源公司如E. On及英國的ＳＳＥ公司都希望海浪潮汐發電能像風力發電一樣有斬獲，因為他們就位在最有利的地理條件上，但歐盟對風浪發電的優惠措施並沒有別於其他另類的發電方式。

位居北蘇格蘭海的群島，受月球與太陽引力影響的潮汐與大西洋的潮汐差距可達三公尺高。但人類科技所從之引出的能源，即可貯藏的電卻少之又少。從事研發的Sinclair認為是電廠太小的原因。但較大的電廠設備卻無法在海中撐住，第一次較大的電廠設施終告失敗。照說潮汐現象一個月兩次，每次兩天的水位落差，不受氣候變化的影響，應是很穩定的能源資源來源，但還是讓研究人員苦嘗許多失敗的苦果。

其實其他國家也早已展開潮汐發電的研究，且已有所斬獲。例如法國在一九六七年於Rance在河口到大海的交接處，利用潮汐水力發電的原理來發電，他們將二十四個渦輪機蓋在漲潮後一個像貯水的水壩上，這個發電設備可以提供地方上三個百分比的電能。類似的小型發電設備在加拿大與蘇俄也都有。英國原本也要在Bristol附近的河口蓋一座大型發電廠，將以十六公尺長的堤壩橫跨河口流入大海處，發電廠中的二百一十六具渦輪機將可提供當地五%的用電，但因花費太大與可能嚴重破壞生態環境而宣告終止。在海岸蓋巨型堤壩，對環境損害甚巨，讓此計畫功虧一簣，因此類似的計畫必須使用小型的發電設施才能成功，且將對環境的影響降到最低。

與水力發電相比，海浪發電需要更高精密的科技，因為海的力量之大與難以預料都讓人無法掌握，因此設施常遭毀壞。曾經也在工業上強盛過的北蘇格蘭，現在正在尋找翻身的機會。

▶茵果市多瑙河畔的水力電廠。
◀多瑙河畔的水力發電廠標誌。

陸

動物保育在德國

生蛋快樂

現代人不僅想吃得好，更要吃得健康與環保，台灣的有機產業也因而日漸興盛。另外，一些年輕世代的新興農民，因為愛惜土地也投入了有機耕作，年輕人對土地有感情、有抱負，這個現象讓人看到了台灣的希望。德國人本來就很有環保概念，他們喜歡舊東西、自然的產品，厭惡喜新厭舊，所以有機產業的推動，其實只是剛好符合了德國人傳統的民族特性。德國的有機產業也涵蓋肉品，目前有機產農品占了德國市場的七分之一。在所有的有機農產品中，有機雞蛋因為注重動物福利，減少雞隻染病機率，故廣受德國社會大眾的喜愛。

德國雞蛋的分級，不是依雞的種類來分優劣，而是以飼養的環境來做分類。所謂有機強調的是自然與健康，以蔬果來講，就是要讓土地因不用化肥而得到休養生息的機會，而蛋雞也該有符合自然與健康的飼養方式。德國會有有機蛋的出現，主要是因動物保護人士的催生。在台灣，為了能大量生產雞蛋，一般的蛋雞都是集中飼養在雞籠中，蛋雞這一生在籠中可以活動的平面空間比四開的報紙（約三十公分長、二十公分寬）還小，所以一片蛋雞農場可養上百、上千甚至上萬隻雞，蛋雞每天如機器般地生蛋，剛生出來的蛋會從籠中向前傾斜滾出，有如一顆一顆的電池，所以德國人稱養在雞籠中的蛋雞所生的蛋是電池雞蛋，就是形容它們沒有生命，有如被生產出來的機械物。

那樣的生活環境，對母雞而言是種嚴重的虐待，因此德國於二〇〇二年在他們的《憲法》中增列新規定：保護自然的生物，當中也包括一般動物。基於此，德國即立法在二〇〇七年一月之後禁止於雞籠中飼養蛋雞。另外，在動保人士的宣傳下，消費市場也在數年前開始推廣養放養雞所生的蛋，讓農場願意增加母雞的生活空間，讓牠們可以自由走動。此外也有農場推出有空曠自由活動空間所飼養的Freihaltung（每隻雞至少有四平方公尺）及有機生產的雞蛋（Bio Eier）。

德國大超商所賣的雞蛋都有分級，每顆蛋上都會印有一排數字以標示身分來源等資料——幾級蛋、從哪個地方出產的。零級蛋在德國是最優等級的雞蛋，也是最貴的有機雞蛋（Bio-Eier），要能生產這種雞蛋，除了必須給雞充分的活動空間外，也讓母雞享有最符合牠們原來生活習性的環境、吃植物性最自然的飼料。在地面養殖的環境，還要有可讓雞做沙浴（如人類ＳＰＡ）的地方，不過飼養環境並不是空曠無物，因為雞天生怕被天上的老鷹看到而被抓，所以必須有小樹叢讓雞可以躲避，並設有可供母雞休息時抓握的桿子。

有機蛋的觀念，讓母雞可以健康快樂地生蛋，而吃有機雞蛋的人，除了有動物保護的意識外，也同時有健康概念，因為讓雞快樂健康，自然能減少雞隻的傳染病，而能吃到這樣的有機雞蛋當然也能讓人健康快樂！

▶每顆蛋上都有號碼標示，註明等級。

◀有機雞蛋的履歷標示在包裝盒上。

▶包裝盒打開後也有標示說明。

公車狗語

我在公車上，常看到許多德國人對我的狗Hilary用親吻小孩的動作遠遠地打招呼，這讓我覺得很有趣。每當我帶狗一上車，就會看到有人把嘴嘟成親吻狀，用親小朋友的Kiss聲與狗說話，希望狗狗看他們一眼或對他們搖一下尾巴，看到德國人這樣諂媚狗狗，又想到台灣人對狗的厭惡，讓我不勝唏噓。

有一次我在公車上，看到一個離我的座位老遠，看起來很有智慧且表情含蓄的德國老婦人，時而露出友善的微笑，一開始我以為她是聽到對面的人說話而笑，但是在確認沒有人說話後，我發現她不時地往我腳下的方向看。在她滿是皺紋的面容下，綻開溫馨而滿足的笑容，映著難得一見的陽光，那景象真的很美。老婦人的笑容不禁令我好奇讓她笑得那麼滿足的原因何在？我四處看了看，只看到我家Hilary躺臥在我腳邊的一側，平靜地四處張望，偶爾會望向那位老婦人。是嗎？她是因為看到我們家狗狗，所以才露出微笑的嗎？我家Hilary是一隻白色、個性頗有自主性的狗，喜歡獨處，但也愛人家摸摸牠，不過牠不喜歡陌生人故意討好牠。很多人見到牠都很喜歡牠，說牠很漂亮。牠不會諂媚地要人摸牠，對愛吃的東西也不會耍把戲討食，只是定定地盯著人看。我想是Hilary讓她笑得那麼滿足的，對她來說，也許這一天的開始是歡愉的。

我們社區很多小朋友和青少年都知道我家狗狗的名字，這點也是在一次坐公車的經驗中得到印證的。有一次公車到站，我站在車門前準備下車，這時有一個大約十歲的小女生彎下身來伸出手要讓Hilary聞聞，她並輕輕地叫了一聲Hilary，然後輕聲細語地與牠說了半天的話，看也沒看我一眼，而我壓根也不認識這女孩。看到這情形，不知道為什麼，我感到有種身為母親的驕傲。

▶在德國，狗狗可以輕鬆與人一起旅行搭火車。

◀狗狗坐在人的膝蓋與人一起搭火車。

◀狗狗與人一起搭公車。

什麼人養什麼狗──談德國人養狗

在德國，狗與人是像家人般一起生活的，也就是說，德國人不把狗關在籠子裡，也沒有所謂的狗舍，養狗的人家會為狗狗在家裡準備專屬的床位，有的是竹籃編的，有的是塑膠製的，上面會鋪有毛毯，當狗要休息時，就會到牠自己的床上睡覺。這時也許大家會問，那狗狗要大小便時該怎麼辦呢？這就是學問了。

狗狗要準時帶散步

德國人養狗的觀念，是以尊重狗的需要為第一要件，而不像台灣是以狗主人的清掃方便為主，所以在台灣很多養狗人家會把狗關在籠子裡，就像把狗關在監獄裡一樣，讓牠精神崩潰。而如果狗因為沒有活動空間而吵鬧時，更有人會把牠的聲帶割了，還自以為自己是非常仁慈地養著狗。台灣有很多的養狗人，認為自己養狗是施恩，所以多數時候都是以自己的立場來設想，沒有認知到狗的生活習性，讓狗也能按照自己的生活習性來過活。

德國人是很沉穩而理性的民族，他們的狗飼主都會很勤快地帶狗出門散步，讓狗能在外面大小便。在狗一歲以前，就像人在嬰孩時期一般，需要每兩、三個小時就帶出去散步一次，就連半夜也要讓牠出門去解小便。這是讓狗出門解大小便的唯一途徑，雖然辛苦，但只要養成習慣了，家裡就不會因狗的排泄問題而傷腦筋。

德國人視狗為社會中的成員之一，所以狗可以上餐廳；由人用牽繩拉著時，也可以搭乘任何的公共交通工具，只是必須支付孩童票的車錢。但若因火車運送的理由，必須關在運輸籠中時，則可免付火車票費用。而導盲犬搭乘交通工具的費用，還有導盲犬的訓練，都是由國家的社會局補助經費的。

「狗」學校

狗是人類的同伴動物，生活在人的社會中，所以必須要有某種程度的社會化，如果像不聽話的孩子般亂吼，或者干擾到市民的生活，都是不被允許的。因此，狗學校便因應而生了。狗學校裡有對狗「各種程度」及「各式疑難雜症」的矯正，但必須要「主人與狗一起上學」。雖然名義上是狗學校，但實際上是在教人如何訓練狗，讓牠們可以乖乖聽話。

狗學校的初級班，一個班級大約是八到十隻狗，主人與狗會成群地走在街道及一般公共場所進行練習。最基本的課程是先把狗用牽繩圈住，要求狗慢慢走在主人身旁，如果狗走太快了或躁動拉扯繩子時，主人就要立即朝反方向快速而短捷地抽扯繩子，使狗的頸部揪動一下，讓牠知道自己不對了。

這招非常有效，我家的狗「吉利」從前是隻流浪犬，我們一起出門時牠經常亂衝，在後頭牽繩的我，手常被扯得發痛。自從我們上過兩次課後，出門時我都持續地依照老師教導的方式矯正牠，後來牠就順從很多了，現在出門散步時，我們的腳步也和諧多了。

牽狗走路

狗學校的課程不論晴天、雨天都是在室外進行，也沒有固定的上課地方。上課時就像行軍一般，狗主人各自牽著自己的愛犬排成一排在街頭巷尾行走。出發前大伙要先整隊，每個主人必須用口令或各種暗示的方式，讓狗狗坐在主人的腳旁。開始出發時，主人要先喊狗的名字，並用「慢走」來提醒狗，讓牠習慣慢慢地走。如果牠走快了，或自顧自地到處嗅聞，或與其他狗同伴在上課時亂搭訕，都是不被允許的，此時狗主人就得不留情地抽動一下牠脖子上的繩子，讓牠在短暫的揪痛中知道與主人上街時腳步要放慢，不可自顧

▲狗狗學校的訓練，都在城市的路邊上課。

自地走。如果剛好走到路口或遇到紅綠燈時，必須要求狗坐下，讓狗保持靜止休息的狀態，狗才不會因突發狀況而把狗主人扯著跑，或自己亂跑造成車禍。通常這樣的行走訓練約一分鐘後就會停止，接著狗主人便要訓練狗坐下或躺臥於地面。無論天氣好壞，狗都要服從命令，才能成為人類社會中被接受的好夥伴。

別揠苗助長

由於歐洲的人行道旁就是腳踏車道，所以在行走訓練時也要要求狗能安靜地躺下至少兩分鐘，不能起身嗅聞或作怪干擾，讓腳踏車先經過。有一次上課中，有位騎士騎自行車並牽著她的狗經過我們，當場全部的狗都起身用力吠叫，似乎在告訴那隻狗：「嘿，走遠點！」老師說這是狗的習性，因為狗狗們認為那隻狗與牠們不屬於同一個群體，所以就會被驅趕。

狗狗在接受行走或任何其他的訓練時，狗主人所牽的拉繩都要輕鬆垂下，不能讓牠的脖子感到被施力或暗示。一般受過訓練的狗都會知道，當牠此時聽到什麼命令就該怎麼做，而主人不該讓牠感到有非自願的壓力，以免揠苗助長，降低牠的學習動機。

訓練的老師也提到過，如果讓狗失去了學習的動機，那麼就完了。因為狗的本性跟人一樣是很喜歡玩、很喜歡學習的。但如果人們想強迫牠違反牠的習性，或禁止牠的習性所需，就會讓牠的學習意願降低或放棄學習，甚至導致牠精神崩潰，那麼牠的很多行為就無法矯正了。

我們的狗學校分成許多班，目前共有九十七隻狗在各種不同的班級裡受訓。課程大致有「陪伴行走、生活的訓練課程」、「行為有干擾問題的矯正班」、「導盲犬班」、「協助坐輪椅的人的助手狗訓練班」等。在瑞士還有協助治療用的狗課程，在牠受訓後即可到老人院、癲癇病房及各種機構去當狗醫生。

什麼人養什麼狗

現在，吉利已三歲大，是班級中表現還算不錯的狗。我們去了三次狗學校，牠每次都有進步。雖然聽到命令時，牠會有些不情願地服從命令躺著或坐著，但牠似乎懂得必須如此，否則我會生氣。所以，牠在聽完命令後，耳朵會動一下，然後看看我，好像在問：「非這樣不可嗎？」我則會以低沉的「嗯！」來回答牠，這時牠就只好認命地躺下。老師說，若狗做到躺下等高難度的要求時，不要吝於誇獎牠。因為牠們是非常聰明的，知道這麼做有獎賞時，就會開心地聽從。

每隻狗都有自己的個性，也要因材施教。八歲以下的狗，要再改造學習都是有可能的。

我們在上完十六個鐘頭的「狗當陪伴者」的課並通過測驗後，就可以擁有德國國家認證的證書，這對於近來因鬥犬問題而被點名的鬥犬狗是非常重要的。因為有隻鬥犬在漢堡咬死了一名六歲兒童，主因是鬥犬的主人蓄意訓養鬥犬咬人、攻擊人，所以造成了這宗悲劇。最後，攻擊兒童的狗被處死，狗主人也因此被抓去關。所以現在許多地方政府規定，想要養鬥犬類品種的狗的人，都必須帶狗去接受訓練，只有有能力馴養這類狗的人，才能擁有這類品種的狗。

我所居住的巴伐利亞邦，則是在多年前即規定不能繁殖與進口鬥犬，目的就是要嚴防鬥犬滋生出社會問題。在德國狗若被認定有攻擊行為，就會被判定沒收。

「什麼人養什麼狗」從狗的問題也可以看出人的問題。德國的街頭沒有流浪狗，這是因為德國人不能忍受狗在街頭遊蕩無人管理。德國事事有權責，失去控制與管理的事，是不可能被接受的，這也是德國社會整齊有秩序的最大原因。反觀台灣，事事無關緊要，都要等到出狀況時，才亂補漏洞，因此各種狀況也就層出不窮了。

歐洲狂犬病防疫，值得借鏡

德國在一九五四到一九八三年之間有很多動物感染狂犬病的例案，數量之多甚至達到一萬零四百多件，當時全世界每年都有超過五萬五千個人因感染狂犬病死亡，死亡地區多是亞洲與非洲，其中亞洲占五六%，非洲占四四%；死亡人口中，有四〇%為十五歲以下的孩童。而歐洲在一九七七年至二〇〇〇年間也仍有二百八十一個人因狂犬病死亡的案例。

據推測全球每年有一千五百萬以上的人可能涉及狂犬病感染的問題或需接受治療，其中可能有三十二萬七千人因得到妥善治療而免於死亡。如果沒有在事前打預防針與事後於第一時間做適當處理，狂犬病的致死率幾近百分之百。感染狂犬病後約有十五至九十天的潛伏期，也有曾經長達一年的潛伏期後才發病的案例。目前在中國，狂犬病致病率有逐漸增加的趨勢，根據統計在一九九六至二〇〇八年間有一萬九千八百零六件狂犬病致病病例。官方公告每年平均約有一千五百位以上的病患致病，而一半以上的病例位於廣西、湖南、貴州。在這些省分中，接受調查的三百一十五個致病病患個案裡，有六二%沒有打過預防針；二七%事後預防注射不足；只有六%的人得到完整的預防注射及治療。這些省分的犬隻感染率是二・三%，但只有六〇%的犬隻打過狂犬病預防針。目前印度是狂犬病致死率最高的國家，一年有一萬八千人至兩萬人死於狂犬病，死因大多是被流浪犬咬傷而沒有疫苗可以做相關的預防措施，因此如有需要前往印度的人，應主動接受狂犬病疫苗的預防注射。

目前台灣農委會對狂犬病疫情採取保守的圍堵措施，對於疫情較嚴重的山區防疫僅是被動地巡山調查，並發放狂犬病疫苗，但這些做法並不能減緩山區得病動物之疫情。農委會主管在台灣爆發狂犬病疫情這一年來，還是不知道防疫的重要，至今仍是被動觀望，僅宣導民眾以不接觸野生動物為政策，並無法減少擴散已久的疫情，這可由近來到處有野生動物甚至錢鼠受感染而知。德國與其他歐洲國家對抗狂犬病已超過三十年，早期也是以捕殺狐狸為主，但效果非常小，最後研發出口服誘餌疫苗，才讓狐狸受到疫苗保護不致病，這樣的方式也有效防堵山區疫情的擴散，當然市區犬貓與流浪動物全面施打預防針更是不可少的措施。

雖然台灣的情況與歐洲不同，但至少相似度比美國還高，奧地利也是地狹人稠的地區，但是他們以投擲口服誘餌疫苗的方式也得到了很好的效果。台灣的生化科技技術已有能力可以製造疫苗，更應該自行研發適合台灣物種的口服疫苗及疫苗誘餌，或者與國外廠商合作一起加強山區防疫，才是正確的方式。至於農委會防疫局趙磐華副局長擔心犬隻吃食口服誘餌疫苗後會染病的疑慮，也已經被證實安全無虞。這種誘餌對人體沒有危害，因為它雖是活體疫苗，但目的並不是要毒殺動物。奧地利農業部部長在二〇一二年也已掛保證公告，此誘餌沒有安全上的問題，也不會危害人體，如果犬隻誤食了，最多僅會嘔吐及腹瀉。民眾若發現誘餌，則應該戴手套撿起送回相關單位。若誘餌中的口服疫苗膠囊不小心破裂，疫苗觸碰到受傷的皮膚與黏膜，則應就醫施打狂犬病疫苗。

邴福伯伯德國行

二〇〇〇年六月二十五日，德國報載台灣一位養了兩百五十隻以上流浪狗，年紀已七十好幾的邴伯伯受邀到德國訪問，並帶三隻愛犬到此尋找新主人，而原定七月三日回台灣的他，因放心不下台灣的狗，提前兩天回台。德國這邊由我負責接待，聽到他在台灣的苦境及我親眼目睹德國當地動保人士的親切招待及想盡辦法的贊助，讓我不得不汗顏。

邴伯伯及三隻狗由德國的動保人士與我接機，然後我們直駛預約好的收容所，他親自帶來的狗兒將暫時被安置在離阿爾卑斯山不遠的收容所。通常從國外來到德國的狗，我們會暫時安排牠們到收容所，因為必須要讓狗兒再次接受徹底的全身檢查，而若有任何醫療上的問題，收容所也會全權負責。例如這次邴伯伯帶來的三隻狗，其中一隻已有七歲大，名叫阿福，牠的牙齒因曾經被毆打而變形，也因缺乏妥善的照顧而有病變，必須開刀清創；第二隻名叫西沙，因身體不適、疼痛的原因而不易與人親近，甚至咬傷了收容所的照顧者，需要接受進一步的檢查；第三隻則是營養嚴重缺乏的幼犬小黃，已六個月的牠，身上只看得到明顯的肋骨，醫師認為牠除了嚴重營養不良外，可能還感染了寄生蟲。

德國人有到收容所領養狗的習慣，德國的收容所要把一條狗交給民眾收養之前，一定會告知領養人關於狗兒的詳細健康狀況，收容所送養狗時若未清楚告知狗的身體狀況，日後有問題將可能被領養者告發。在德國，喜歡狗但不能養的人，也常會到收容所去帶狗散步或做義工。德國的動物收容所不宰殺健康的狗及尚未病重到不能醫治的動物。其實德國並沒有公立的動物收容所，而是縣市政府直接把編列給動物福利的預算都撥給該區的收容所，有的收容所即便沒有直接的金錢補助，至少也可以合法用地，及享有不必支付地租或水電及垃圾費用的優待。因為這些動物收容所有義務要收容被棄養的動物及主人不適合再照顧的動物，所以通常收容所會和政府訂立契約以獲得補助，這也是德國與台灣最大的不同之處。

在邴伯伯訪問德國的行程中，慕尼黑的動物收容所負責人對於邴老先生一個人養了兩百多隻狗，感到非常不可思議，因此向他致上最崇高的敬意。慕尼黑是德國第二大城，有上百萬的居民，但動物收容所中只有一百二十隻左右的狗及一百五十隻貓，另外還有馬及其他的小動物。邴伯伯看到慕尼黑的動物收容所占地廣闊且人力（照顧動物的工作人員有二十三人，負責行政事務的則有五十人）及設備充足，不禁大為讚嘆，直稱：「我們怎麼跟人家比！」

本來邴伯伯不相信動物收容所裡的所有動物都是棄養的，他心想收容所擁有這麼好的設備，必定是靠著收容人家寄養的動物，以收費的方式維持經營，並猜想很多工作人員大概都是不支薪的義工。但在我向慕尼黑的祕書長Peter Kromat先生查問後才得知，他們的動物收容所已有將近一百五十年的歷史了，幾乎所有的動物都是人家棄養的，只有一小部分是政府因強制因素不容許該主人繼續持有此動物而沒收的，所以所有的動物沒有一隻是暫時寄養的。如果是政府沒收的動物，政府就必須負責贍養的費用。慕尼黑的動物收容所暨動保協會理事，並允諾要協助我們救助台灣受難的流浪狗，也給了我們她的私人電話，要我們在有任何困難時要告訴她，她會盡一切力量幫忙。她的熱心與好意比照起邴伯伯在台灣政府及社會大眾的冷漠，讓我感到慚愧不已。後來當邴伯伯到達巴伐利亞邦的動物收容所時，負責人也表示，邴先生的來訪是她的榮幸。在我們參訪時，她還安排記者採訪我們，在我們描述台灣流浪狗的困境時，她們都一致搖頭。負責人頻頻問我，難道台灣的人都不知道狗是上帝所賜的生命嗎？為什麼台灣人會如此處置狗？讓她不解的是，台灣是個有錢的國家，但對待動物的態度卻比野蠻的民族還殘忍，有關單位的無情宰殺和完全沒有給動物相對的安置措施，都令她痛心。她也表示，她將盡一切可能幫助台灣在這方面的救援行動。

隨後，她還帶我們參訪獸醫診所，讓邴伯伯親眼看看沒有任何狗籠、環境乾淨衛生的動物醫院。我們向獸醫表示，很多台灣人都把狗關在籠中，他對此深表驚訝，因為這是嚴重違反動物福利的，如果在德國這樣做，是會被嚴重處罰的。他向我們解釋，因為狗的腳掌是肉掌，如果讓狗的肉掌長期踏在籠子的欄杆上不斷承受壓迫，這會令狗非常痛苦。而且把狗關在籠中，狗會像人被關起來時一樣的暴躁不安是可想而知的，因為狗本身就比人更需要強烈的活動，所需的活動時間及範圍也都比人多，如果人被囚禁後會暴躁不安，那麼比人更需要活動的狗更是如此。很多台灣人為了方便處理糞便而把狗關在籠中，對於這點實在有必要讓國人了解及改善。

德國的動物收容所都是民間獨立設置的，他們可向政府申請補助，但大部分的財源均來自民間捐款及遺產贈與。但台灣捐贈遺產的風氣並不盛行，國內民間收容所大多也都是窮困到捉襟見肘的程度。邴伯伯說他的收容所，隨時都有被驅逐的可能，他不曉得明年是否能找得到地方搬遷。我們相信一個政策的制定，不能僅用屠殺的方式，政府雖對寵物店制訂了管理辦法，但仍給他們兩年的緩衝期，業者可在這兩年內繼續賣狗、棄犬而不被管制，然而反觀在安置流浪狗的措施上，政府所能做的就只是捕捉、殘殺。這樣任由上游生產犬隻，下游不留活路的大量撲殺，其用心在哪裡？德國今天人道救援我們的狗，只是因為台灣的流浪狗沒有安身立命的終養地，這令他們不解也感到不忍，他們的支援就像是台灣流浪狗的活菩薩一般。但願我們的政府能趕緊制定安置流浪動物的措施，讓民間收容所能安心經營，以彌補撲殺政策之缺憾，也讓德國人看到台灣政府的真正人道措施，讓被我們棄養的忠犬能有活命的機會。

後記：德國對台灣流浪犬的救援行動，從無經費的支援，而是實際的人道救援，台灣的流浪狗被送到德國後，先到中途之家適應並做健康檢查，然後再找認養家庭。

◀花蓮公立動物收容所的幼犬。

德國小鎮的動物之家

這個小鎮只有一萬五千人，今天是動物之家的全天開放日，其熱鬧程度不輸十月啤酒節的慶典。動物之家內外搭了好幾個帳篷，可吃到德國香腸，也有德國啤酒可以喝，門口處還有煎馬鈴薯餅的攤位。廣場的一角是跳蚤市場，我挑了一個荷蘭花式的藍色水壺、一張王子合唱團的CD、一個放衣服的籃子、一本用回收紙製成的筆記本，而我家那口子竟選了一隻小絨毛白熊，說是要與我家裡的另一隻配成對。跳蚤市場裡的東西很多，並不全都與動物用品有關，而價格也讓人有占到便宜的幸福感。

人來人往的群眾把整個動物之家擠得水泄不通，每個人都是一家大小帶老攜少地來這裡看這些無主的動物，這天的活動節目非常精采，有樂團免費前來演奏、有小鎮中學啦啦隊的表演，也有陪伴狗的服務團體義務帶他們的狗來拉車，小朋友可以坐在小拉車上讓狗兒拉著走，但必須要有義工陪拉，一方面為了安全起見，一方面也避免小朋友太興奮而騷擾狗狗。

台灣的動物之家所安排的活動都是以認養為主，但在德國剛好相反，因為平常就有高達百分之九十一的認養率的動物之家，一直都會有人主動去認養動物，因此動物之家的開放日當天，就純粹只是聯誼與募款活動。德國人認養動物就像認養小孩一樣慎重，想認養狗的人家，必須全家出動去尋找一隻讓每個人都喜歡的狗，但動物之家也不會讓你當日就把狗帶回家，因為他們想知道認養人的家庭環境、有無小孩、工作時數等。一天需出外工作超過八小時的單身者通常會被排除，若是有小孩的家庭，動物之家也會讓認養人知道這隻狗喜不喜歡小孩。認養家庭通常都要去動物之家好幾次才能認養到狗，有時為了考驗認養人的誠意，動物之家也會讓認養人帶狗出去散步，以了解認養人對待狗的態度，在充分了解之後才會讓他們把狗帶回去。認養之後，動物之家的工作人員還會到認養家庭抽檢拜訪，如果發現認養人或狗不適應，動物之家就會馬上把狗帶回。

因此像台灣在園遊會上擺攤位如推銷般的認養方式，德國人是不能想像的，他們寧願認養人在養動物之前有冷靜思考的機會，並多拒絕幾個不適合的家庭，以避免狗狗被衝動認養回家後，遭到多次被退回的命運。同樣的，德國的寵物店也不賣貓狗，因為他們無法接受用店面的販賣方式，販賣像自己的小孩般的貓狗等同伴動物。對他們來說，貓狗在店面被販賣，就如同在店面賣小孩一樣的無法令人接受。其實要大家不棄養同伴動物，就是要大家有把同伴動物當成家庭成員的共識，否則把同伴動物當商品拿來展售時，當下對待牠們的態度其實就是當成商品來看待，而非家庭夥伴，也難怪在台灣有養動物的家庭容易會因喜新厭舊或耐心不足而使得動物被棄養的情況。

動物之家的幼犬區內擺著一張椅子，椅子上坐著一位年紀大概五十多歲的男義工或參觀者，旁邊還有幾個青少年，大家都在幼犬區內摸狗，他們臉上的滿足與笑意好像說明了被動物感染的快樂。而那些帶著稚氣臉龐的幼犬，有的體格也不算小，但都有著毛絨絨的腿，牠們有的被摸得軟舒舒地仰躺著；有的則依偎在人的身邊；有的則在一旁橫躺曬太陽，懶洋洋地享受牠的一天。幼犬區的狗舍約有三十平方公尺大，有如我家前院的小花園般大小，四面就像動物園一般地被圍起來，中間有一道門可自由讓人進出。而裡面人與狗和樂融融的場面，給人的感覺比去動物園更溫馨也更有融入的參與感。

當天我是帶我家狗女兒希拉蕾一起去的，大家看到牠都會問長問短。動物之家也有青少年義工，她們清一色剛好全都是十二到十六歲的女生，每個周末都會來動物之家牽狗狗出去散步。她們對每隻狗的情況都瞭若指掌、如數家珍般地述說，那講話的態度與表情，真的讓人感到狗狗好像是她們自己家裡的一樣。台灣也曾送過好幾隻狗到此動物之家，其中有兩隻狗因為以前在台灣被虐待的關係，非常怕人完全無法接近成人，成人若硬要靠近的話就會被咬傷，但牠們在這群青少女義工的愛心感化下，已對特定的小孩不再感到害怕。經過兩年的相處之後，她們甚至可以放開繩子帶牠們在草地上跑、去湖邊享受游泳的快樂。最近其中一隻已經找到好人家了，最愛牠的青少女義工Jenny只好忍痛割愛，現在講到那隻心愛的狗狗有好家庭，她臉上大大的眼簾下還會埋藏著那一點點想念與落寞的痕跡。當天我回家時，心裡暖暖的，因為看到我們送去的狗狗被疼愛得那麼好，讓我好感動。

面對流浪動物，我們可以做什麼

每次看到台灣媒體報導有人救回流浪狗在家飼養，總被鄰居檢舉髒亂，最後遭環保局強制沒入；若是名人飼養流浪狗被鄰居檢舉，新聞媒體就更是放大救狗者家中的髒亂，並把救狗人可憐兮兮的樣子無限放大，這些報導總讓人感覺流浪狗帶給人很大的負面形象。有時報導的旁白還會加注「過去光鮮耀眼的名人，如今飼養流浪犬遭人檢舉……」這樣的報導，作用在哪？又隱藏著怎樣的訊息？一個不碰觸狗問題的人，看了新聞會有何感想？台灣救狗人的命運，很奇怪地都會與悲情扯上關係，難道救狗就要被社會大眾唾棄嗎？救狗有錯嗎？流浪犬是救狗者製造的嗎？

我在德國看大愛的節目時，記得蔣勳先生在介紹義大利建築時曾談到在佛羅倫斯有個故事，說以前有個銀行家看到城裡有許多棄嬰，覺得非常不忍，他認為一個城市有這麼多的棄嬰，是這個城市的恥辱。於是他發起了挨家挨戶募款的運動，為的是要蓋一所孤兒院。當他開始這樣做以後，許多人也被感動了，孤兒院最終被蓋起來，而其建築至今仍妥善地保留下來，他的義舉也讓人們在百年後參觀孤兒院的建築時被永久地傳頌。讀到這個故事時我想到的是台灣的流浪犬，台灣有這麼多的流浪犬，不也代表這是我們的恥辱嗎？每一隻流浪犬的背後都是一個丟棄牠們的人心，如果可以這樣想，我們就會知道問題在人，而不在狗。這與棄嬰的道理很像，棄嬰尚且不會有公共安全的問題，而棄犬的公共安全問題是明顯較大的。

當我們看到流浪犬時可以做些什麼？我想這個問題每個人都應該問問自己。每個人的能力與情況都不同，其實很難給一個答案。但最基本的，我想是市民的勇氣。台灣社會講求人情，即使知道是不對的事，也不願得罪人，所以常積非成是、顛倒是非黑白，見多了壞事好像那就不是壞事了，所以很多人寧願救狗，也不去檢舉鄰人虐待流浪動物，而讓做壞事的人逍遙法外。

關於流浪狗的問題，只要我們發揮市民的勇氣，對流浪狗多一點關懷就夠了。二〇〇三年花蓮發生公立動物收容所裡狗吃狗的事件後，引起全國嘩然，就在當時動保界發起了全國人民連署，要求政府立即改善公立動物收容所的環境。我在當年也代表全世界動保團體聯盟控告農委會主委瀆職。監察院在動保團體檢舉後也接辦此案，做了糾舉的動作。其實我們平時只要稍加注意，並勇於舉發棄狗者、舉發虐待流浪犬或家犬者就夠了。因為很多善心人救狗救到無力，認為動物保護法沒有用，但是若根本沒有人願意舉報虐待動物的惡行，流浪犬的問題就更不可能得到改善。記得幾年前的夜裡，某咖啡店門前的垃圾袋中發出哀哀的貓叫聲，民眾打開垃圾袋一看，赫然發現是隻剛生出沒多久的小貓，但牠全身被黏老鼠的紙給黏滿了，眼睛被黏住無法張開，身體四肢更是被黏到無法動彈。發現的人是香港旅客，他將此事傳送到網路上，馬上引起了全國人民公憤，最後該咖啡店因虐待動物之罪受處罰數萬元。所以，誰說動物保護法無效？

可以的話，請大家給救狗人士多一些關懷，不要不辨是非地落井下石或鄙視他們。台灣民間有許多的動物保護團體，我們隨時都可捐出一杯咖啡的錢給他們，因為即使是一點點的小額捐款，對他們來說都是莫大的幫助。每個人一點一滴的小額捐款，所代表的心意比一個人大筆捐款還來得有意義，因為這代表每個捐款的人都受到感動了，也代表社會成功教育了更多人，未來棄養動物的人也會少一些。

你也可以走入公立動物收容所去做義工，幫忙安撫、鎮定即將被處死的動物。動物收容所每一次處死動物的數量都是數十隻以上，如果他們缺乏人力，那麼就沒有充分的時間來安撫動物，所以公立動物收容所要做到安樂死其實是有很大的困難的。現階段政府單位所抓到的流浪狗，在被送到收容所之後，如果過了十二天沒人領養就會被處死。因此流浪動物在所中有半數以上都會被處死，我們不能別過我們的眼睛不看，因為事實不會因為我們不看而不發生。

如果我們想關懷牠們，卻沒有能力救牠們時，給牠們最後的臨終關懷，是我們僅能給牠們的最後一點道義。

另外，在夜市售狗的小販與無照營業賣狗的寵物店，我們都可以向警察或縣市動物檢疫所檢舉。當然，我們也可以去上義務動物保護員的訓練課程，以增加相關的常識，這些都是我們可以為狗做的事。

政府可以鼓勵每個家庭若自身能力許可的話，可以收容一隻流浪犬，並向同學、同事宣導家犬絕育、絕不要棄養動物，只有學習了解狗的習性，才能由了解進而關心流浪狗並伸出援手。

在德國救狗的反思

目前台灣對於流浪狗的政策，是讓捕狗大隊不斷地捕捉流浪狗，但詳細的動物保護法案卻一直沒有被討論、立案。自一九九六年起，我帶著第一隻台灣流浪狗到德國，至今已十八年了。救狗一直是我們沒有停歇過的行動，當然這其中我們也接受過許多台灣人、美國人、德國人、義大利人、西班牙人還有荷蘭人的幫忙。

很多台灣愛狗人花錢救狗，卻救到自己債台高築，而想送養狗給國內的人卻一路被拒絕，或者有人接受了卻讓狗再度走失，這些困境讓他們只能把希望放在國外的送養。自一九九九年開始，我們這些海外台灣人找到德國動保團體願意無條件救援台灣狗，我們也藉著網路找愛心旅客，目前已救了約六百隻狗到德國來。

記得幾年前曾在德國接到一通詢問電話，是一位台灣旅人在阿爾卑斯山旅行途中遇到了台灣狗，牠是阿爾卑斯山某間藝品店的主人養的。他向我詢問了些有關救狗到德國的行動。我想台灣人不只能在阿爾卑斯山遇到台灣狗，在德國的多瑙河、萊茵河，及浪漫的海德堡都有可能遇見，有些德國動保人士因常接觸台灣狗，他們都認得出台灣狗，台灣狗悲慘的背景也讓他們對台灣來的狗特別疼愛也特別無法拒絕。

有時，我也很想不要再救台灣的流浪狗了，因為國內政府仍舊無情地抓、無情地撲殺，愛動物的人不知道還有什麼出路？直到今天我還在網路中接到來自國內愛狗人士的求救信，內容是某大都會市政府的捕犬隊，每天都要捕捉五十多隻流浪狗，信中的圖片有很多被捕的狗是幼犬，眼睛都還來不及張開，牠們的心臟就要被注射毒針強迫停止，他向我發出微弱的求救訊息，問我該怎麼做？

現今流浪狗問題已不再是熱門話題，但是牠們卻也沒有少死過一隻，一個台中市一天捕捉五十隻，一年就有一萬三千兩百隻，就算有最高四成的領養率，一年還是要殺掉八千隻流浪狗，而全國其他有百萬人口的大城，如台北市、新北市、高雄市，其撲殺數量一定都不會少於這個數字，大城市每年若是撲殺四萬隻流浪狗，那麼台灣光是政府公告一年就要殺掉近十萬隻狗。

不管是從經濟、文化與人文的角度來看，一年殺近十萬隻，十年就殺近一百萬隻，這一百萬隻無辜動物的死，並不是我們要吃、要用，也不是我們要拿來做實驗，純粹只是因為台灣人的遺棄，使得牠們必須無辜慘死。十八年來一百八十萬隻狗的屍體，堆起來也是座山了，我想高度應該有觀音山那麼高了吧！

台灣政府沒有足夠的錢讓學子上高中、上大學，可是對於殺狗的錢卻不曾吝惜過。據聞馬英九於台北市長任內曾向動保團體說，一隻流浪狗從捕捉到撲殺要花台幣五千元。如果這是事實，那麼台灣一年就要花五億的費用殺狗，這個數字可以讓多少學子不必背負沉重的助學貸款？一個在貧窮家庭長大的孩子如果需要念私立高中與私立大學，那麼他大學一畢業就要背超過六十萬台幣的債，而台灣如果省下一年的殺狗費用，就可讓八百學子不必背負這些學貸，或可讓十萬個私校大學生就學，我不懂一個政府有錢用來殺狗，卻沒錢培養人民念大學的道理在哪？這樣的政策我們都同意嗎？反過來說，德國人從小學至大學都不必繳學費，是不是因為他們不殺狗？

而現在台北市與其他縣市卻未規定被領養的狗都必須強制結紮，這樣等於縱容狗販或領養狗者讓領出的狗再生，然後可能再被遺棄。我是一名醫療工作者，也是精神科的專業護理師，我不懂台灣人怎麼仍在大量遺棄狗，但卻也有人不斷地救狗，台灣對陪伴動物的想法是什麼？這也是我想藉本書探討的。

關於參與救狗，我們有太多故事、太多經歷很想告訴國人。我們想透過文字告訴國人，別忘了還被囚禁在鐵幕後的流浪狗們。

◀羅欣女士與從台灣救援到德國黑森林一帶台灣哈士奇Woman。

德國為台灣流浪犬「點燃生命之燈」大會後感

二〇〇三年一月二十五日，由德國救援動物協會在Bad-Koenig所舉辦的「點燃生命之燈」大會，因參與者包括新聞記者、綠黨動物部門在內的二百人，人數超過主辦大會所發函邀約的，所以現場座無虛席，許多人甚至必須站著擠在會場內。

會場桌上，擺著一根根點燃的蠟燭，象徵被從台灣等地區救援到德國的受難狗的新生命。當天曾安置及收養這批重生狗狗的人，有的甚至遠從西班牙及義大利趕到會場。

代表生命之光的燭火，與那些來到現場的、曾在家鄉受苦受難的狗，構成了一幅溫馨的畫面。參與台灣動保運動多年的我，內心曾經歷了無比的煎熬與苦戰，就如同一位攻讀法學的許姓同鄉，她在上台致詞時哽咽落淚：「看到台灣的狗來到這裡，生活得這麼快樂幸福，我們不禁要問，為什麼狗狗在台灣不能有這樣的生活？」我內心的感受與她是一樣的，這也是我們不斷為流浪動物努力，期望有一天會達成的目標。

在場的人士都不能了解且非常痛心台灣政府把動物收容所蓋在垃圾場邊，並且交由清潔隊員來處理流浪動物。面對受邀參加晚會的台北駐德法蘭克福代表周弘毅主任與駐柏林新聞局代表周柏蘭及李培榮先生，我在會場鄭重呼籲：「台灣的國際形象，如果因動物受到不人道的待遇而受損，那麼相對地，也會因動物福利被關注而提昇。最主要的關鍵是：台灣政府願不願意做！現今資訊傳播快速，只要是大家關心的事便能日傳萬里。台灣大眾普遍不重視動物福利問題，再加上制度的失當，所衍生的黑暗面不可能也不應該被掩蓋住。」

基於對人權、兒童權等關懷弱勢族群的倫理基礎，延伸出國際人士關心動物受虐的問題，台灣不能關上門戶，置國際人士的批評於不顧。或許有些台灣人不願面對家鄉動物受難的事實，但今天參與大會的人均以行動向台灣政府表明，他們確確實實地，以眼以心看到了台灣動物的苦難！

此次前來參加活動的西班牙及義大利動保團體，獲知台灣在動保法出爐近四年後的今天，動物處境仍是這麼糟時，都感到非常震驚。他們向媒體表示，如果台灣政府再不落實動保法，並建立乾淨寬敞適合動物生存的收容所，且讓收容所內的作業透明化，將不排除會全面發動南歐人民抗議台灣政府以金錢戕害生命的暴行。

不要殺狗的希特勒政權

每個台灣人都是愛台灣這塊土地的，每個生在這裡的動物也需要有適合牠們生長的環境，牠們也愛這塊土地。台灣是我們的母親，也是所有生長在這裡的動物與植物的母親，是我們人類與生態萬物世世代代子孫要生存的土地。但現在這片土地上填滿了數以百萬、千萬計的動物屍骸，幾年前口啼疫撲殺了百萬的豬隻屍骨未化，現在又開挖一個一個的大洞，急著埋葬氣息尚未斷盡的百萬隻雞，這些雞隻有的是因大量飼養而集體死亡，或是因為感染禽流感為了避免傳染給人而遭撲殺。為防疫宰殺與為人的口欲而宰殺，牠們的命運都是死，差別只在最後的墳墓是土地或人腹而已。

而由政府一手策畫的流浪動物宰殺，卻是一場實實在在的悲劇，牠們的死沒有原因也沒有理由，更是絕對可以避免的。做出宰殺決策的政府認為自己的政策一切合法，且義正詞嚴不容反駁，但僅僅他們幾個人的決策，就把仁民愛物的台灣推上血腥的殺生之路。他們用可以提供給學子更多教育補助的經費去聘請公部門的人做殺手；不問人民的想法，用台灣人民辛苦的血汗錢，去蓋一座座高達八〇%死亡率的死牢，讓流浪動物大多不是病死就是慘死其中。

台灣人是憨厚仁慈的，絕不是殘忍地非要殺生不可的。但目前毫無監督機制的處死與不斷地狂殺，已讓台灣成為瘋狂殘殺動物的惡魔島。如果問人民，我們付出的稅金被拿來做為殺狗的費用，卻讓資質優良的學生因付不出學費而讀不起書，這樣的情況有人可以接受嗎？人民贊成政府這樣使用我們的稅金嗎？一隻狗從捕捉到撲殺需要花費五千元，我們是寧願少遺棄一隻狗，多容忍一隻流浪貓、狗，還是要少讓一個學生念書？再說這些業障要誰來受？焚化屍體也需要能源，一年將近十萬隻的屍體，堆燒起來，要花多少能源？我們焚燒動物屍體的能源也是子孫可以用的能源，這樣不必要的殺、不停地燒，讓子孫將來沒有能源可用，不正是在掘自己子孫的墳墓嗎？

是誰同意讓他們這麼做，使得台灣人民成為殘忍的血腥殺手？是誰讓這些與台灣人民同生、也為台灣人民所愛、也同是台灣之子的狗兒貓兒被遺棄後，連選擇生存的機會都沒有，就必須直接被判死刑？如果人殺動物的理由，是為了口腹、為了利益，那麼殘殺流浪動物的利益是什麼？是為了美化市容、為了人的安全嗎？如果是這樣，那麼製造數十萬隻流浪動物的人，為什麼沒有一個人有罪？泰國用大量絕育的方式來減少流浪犬；德國則是對全民教育、限制寵物販賣，不把同伴動物當玩具般地公開展售販賣，以減少民眾的購買欲，並且重罰棄犬者，所以現今德國的街頭一隻流浪狗都沒有。台灣的環境的確是與他們有所不同，可是也絕不能只偏重殺狗（年殺四萬隻）而不重視絕育（年絕育七千）的效果。

為什麼我們的社會可以容忍政府，對被人類丟棄的生命連一點點憐憫的麵包都不肯給，連一點讓牠們站在這塊土地上生存的機會都不給，只殘酷地逼牠們死！台灣人真的這麼殘酷，真的都是迫害屠殺流浪動物的人嗎？歷年來的動保遊行告訴執政者，不要再殺了，我們不要當迫害動物的希特勒，請執政者看看家中的狗，想想被棄犬隻的命運，我們台灣人民不要當兇手！

柒 從德國看台灣

媒體的力量

每個生活在現代社會的人，都曾抱怨媒體的報導非常偏頗，尤其是台灣媒體，完全的商業取向，色情窺探無所不在，無論談什麼，只要牽扯到色情就無限上綱，一件感情事件可以在台灣上報紙、電視的頭版，在德國卻不會，為什麼？如果德國人在意這些的話，前總理施若德也不會在多次離婚的情況下，還能高票當選；柏林的市長是同志，他在選前即大方講明自己的身分，而德國媒體也不會在這方面挖新聞，因為在德國要獲得勝選是靠真本事而不是挖對手的瘡疤或花邊新聞。台灣的媒體，能不能從色情窺探中自拔呢？有什麼辦法可以超渡台灣的媒體呢？

一位從印度來德國沒有多久的朋友收到一封看似很重要的信，要我們幫他看看。原來這封信是ＧＥＺ（Gebuehren Einzugszentral）寄來的，要向他收取收看電視與收聽廣播的費用。我們告訴他，在德國看電視與聽廣播都要收費，這是法律規定的。信中還提到違法不繳而被查獲者，可罰一千歐元（約四萬元台幣），並且要追溯過去未繳的費用。在德國收看電視一個月的費用大約要五百多元台幣，這筆錢並不是有線電視的費用，如果要看有線電視，還要再另繳一戶四百多元台幣左右的費用。聽起來似乎很恐怖，因為若想看電視的話，每個月要付的費用竟然高達一千元台幣，這樣合理嗎？那沒錢的人，會連知的權利也沒有了嗎？

其實德國對窮人算是照顧得很周到的，只要你能出示沒有收入的證明，政府機關就不會強人所難，像學生與清寒家庭，就都不必繳這筆費用。既然這樣的話，那為什麼還要收取收看電視的費用呢？道理很簡單，因為德國人不想讓商業統霸媒體、讓政黨與政治掌握媒體。德國人非常清楚維護言論自由是要付出代價的，為了讓媒體有自由言論的空間，因此每戶必須要月繳五百元台幣，才能收看電視節目，而所收看到的二十幾台公家電視台，在晚上八點以後完全沒有廣告干擾，即使是白天也只有極少的廣告播出。很多人說，德國的電視節目很無聊、很沉悶。或許吧！但一個隨時想吸收新知、理性討論的人，絕對不會討厭看德國的電視節目，這也很符合德國人給人事事講理的印象。他們的電視節目也常會播放歷史紀錄片、國會院會中沒有經過剪接的完整辯論、各種議題的討論，當然也有藝術節目。國家台還有一台專門播放戲劇節目、一台專門播報新的資訊，第三世界的生活也都經常被報導。來德國以後，我才知道越南與泰國及非洲的生活實況；另外，他們也做過以色列與巴勒斯坦紛爭的深度採訪與報導。總之，在台灣可能只有三分鐘的新聞，在這裡卻可看到一小時或九十分鐘的系列報導。尤其是大選期間，他們也會播出所有大小政黨的公益廣告，但不會有個人性、煽動性的宣傳。不過私人電視台就會有廣告，也因為要與公家電視台競爭的關係，他們比較會製做一些輕鬆與爆笑的節目，但品質也不會太差。

發生在德國希特勒時代的大屠殺，在學校裡不見得有很多的討論，可是卻經常可以在電視上看到播出。媒體能不考量到利益，而以歷史的紀錄教育民眾理性地看待過去所犯的錯誤，提醒民眾不可輕忽這段歷史，這當中媒體所扮演的角色不可說不重要。台灣因處於海島，所有與外界的溝通與資訊的取得，幾乎只能靠媒體。我們不像歐洲大陸，如果媒體報導有偏差，仍可以自己透過認識的外國朋友互相交換訊息，來驗證媒體報導是否屬實。因此台灣對媒體的依賴可說是比其他國家更重，影響力也更大。所以，台灣媒體的運作，更應該秉持客觀中立，才能讓國人享受真正知的權利，而不是被用來填塞一些我們不想也不需要知道的緋聞。

▼法蘭克福市不少住家都裝有小耳朵。

德國觀察——種族歧視觀點

最近有位德國人在德國報紙上經常被報導，他名叫提歐・薩羅青（Thilo Sarrazin）是社會民主黨（SPD）的政治人物，位居德國中央銀行理事的高職。他曾出書或以言論歧視社會弱勢，認為拿社會救助金的人一天只要四歐元（相當於一百六十元台幣）就可以生活；也曾發表過提高退休金是無意義的事的論點，這些言論其實幾年前已在社會掀起爭議。二〇一〇年六月他更提出因為接受低教育程度者的移民，使德國人的智商變低。最近他還出了一本書《德國廢除自己》（Deutschland Schafft sich ab），書中歧視的觀點，讓他失去中央銀行理事這個至高無上的寶座，企圖預言廢除德國卻先廢掉了自己的事業。

他的觀點其實很簡單，認為人的聰明才智有五〇%～八〇%是來自遺傳。而德國境內土耳其與阿拉伯裔的國民輟學率高與接受高等教育的比例偏低，他歸因於這與他們天生遺傳的智商較低有關。他還在訪談中提到，猶太人有特殊的基因可以與其他人種區別，這個論點也讓猶太團體提出抗議，因為即使這個說法認為猶太人的遺傳是較好的，但這仍是一種種族歧視妄想（Rassenwahn）。他並認為高教育水平的人口群生子太少，甚至低於土耳其裔在德國的出生率，導致智商高的人口逐漸偏低，這也讓德國民眾的整體智商降低。但現今大小報紙都在找專家談如何提升國民品質，大家普遍認為提升教育才是全面的配套措施，而非貼上標籤去區分個別族群，這是社會融合最大的前提。

這些言論涉及的移民問題，其實在台灣也漸漸被重視。台灣國民因少子化的問題，也有人開始對國民品質有所擔憂。而要讓新移民融合於我們的社會，就是要讓大家都能排除語言的障礙，享有均等的受教機會，減少輟學生，這才是正面發展。到國外移民的人必須要有堅強的個性，克服萬難在非本土的文化中生存，所以只要給他們機會，他們必定能在不同的國度開花結果。

最危險的地方，就是最安全的地方

打開電視，看到節目中正在談德國右派的問題。一個面帶憂容的學者坐在火車上，談右派在德國各地造成的傷害與恐怖事件，沿著列車的行駛，他到各事發地點走入被害人的世界，也去訪談那些帶著德國國旗標誌的年輕人，了解他們到底在想什麼。其中攝影機拍到兩位黑人女子在火車上被打後，向列車長投訴的情形，而在場的旅客目睹這一切，卻毫不作聲，視若無睹。接著電視畫面帶到車上的另一位女性，這位女士接受訪問時說：「我看到了，可是我也怕惹禍上身，所以沒有作聲。」身為證人的她，在被訪談後匆匆下車，不願向警方提供自己親眼目睹的事實。火車到站了，警察人員做了筆錄，火車遲了四十五分鐘才再開動，被害者的媽媽說：「我在德國這個國家從未被真正接受過，我只是被『忍耐』（geduldet）而已，我們算什麼？」另一位來自伊朗三十歲左右的女性難民用簡單的德文聲嘶力竭地哭訴，說她在此地被歧視、女兒被吐口水的情形，她不知道她做錯了什麼，而且孩子是無辜的。

德國在二〇〇〇年時，發生一樁一群右派年輕人在深夜打死一個正要過街回家的黑人爸爸。他的太太是德國人，被害者只是看完足球賽，正從朋友家經過公車站，在走過街就可以到家的路上，就這樣被一群遊手好閒、看黑人不順眼的年輕人給打死了。在德國像他們這樣隨便找弱勢者下手的人，被叫做右派的極端份子，他們不只找外國人或有色人種下手，也會把憤恨出在無家可歸的流浪漢身上。很多證據也顯示，這種攻擊也不時會出現在重度殘障者與重病患者身上。

德國對這些問題雖有警覺，卻也沒有對策。在事件發生時，政府呼籲大家要群起抵制右派的攻擊，並舉辦大大小小、上千人上萬人的反右派示威遊行，向右派的攻擊行動說「不」。在德國身為外國人，在這種氣氛下我個人是感到欣慰的。全世界哪裡沒有歧視？但大部分的德國人認為那群人是他們的敵對者，他們對這些人也無法理解。在歐洲當地人對外國人的攻擊到處都有，如果是在法國可能只會被當成一件純意外事件來處理，而在德國則會因為自己本身過去的歷史的因素去了解這些攻擊的可能動機，若是被確認是因右派的歧視因素而造成，將有可能成為判刑的考量。

也許在哪裡都無法避免這種行為，但在德國有意識的社會防衛下，今天外國人在德國可算是比在歐洲其他國家更有保障了。很多人問過我，到德國不是很危險嗎？因為有光頭黨會襲擊外國人。針對這個問題，我會說如果要出國的話，到哪一國都會有這個問題，與其到其他不重視此問題的國家，不如到對這個問題已有清楚意識的國家，這樣遇到事情的話，還有可能讓犯案者被判重刑，社會上嚴格反右的聲浪也會讓蠢蠢欲動者卻步。這是否符合最危險的地方，就是最安全的地方的說法？

《海神家族》讀後感

作者：陳玉慧Jade. Y. Chen

簡介：

這是一個三代的家族故事。故事中的作者是住在德國的台灣女子，她述說了自己的家族三代的故事。她的外公是日本時代的台灣兵，外婆是來自沖繩的日本人，她的母親嫁給國民黨軍人，所以她有日本、台灣與中國的血統。

這是一個自傳性的家族故事，從家中成員的個人生涯演變，到個人的心路歷程，都是大歷史中小人物的甘苦辛酸，三代的人如何被時代洗鍊與沖刷，書中寫來讓人感到辛酸。故事中也有因二二八而逃難的外叔公暗戀外婆的一章，愛情、理想，與家族衝突讓此書有一種很平常卻也很有人性的感動。

《海神家族》這本書在台灣也許沒有太大的意義，但它發行的德文版，讓德語國家的人對台灣的近代史有更多層面的認識，這應該是它對台灣最大的貢獻。

我會知道這本書，是喜愛看書與熱愛華文的德國婆婆告訴我的，她看到這本書時非常驚訝，因為一般並不容易在德國找到台灣作家的書，但她也因此才對台灣錯綜複雜的歷史背景有所了解。她說還好有聽我說過一些台灣的歷史過往，不然書中年代的劇然變動，會讓她很難進入書中的歷史情境。而我這個離家多年旅居德國的台灣女子、德國媳婦，剛開始對此書並沒有太大的興趣，但當我讀完中文版之後感動很深，也許與離家很久的作者有一些相近的背景，也是一種對人吐露自己心事的本能，我對她的這本小說有一種深刻的眷戀。

書中也把台灣祭拜神明、嫁娶、家人過世的民俗習慣描述得非常清楚，讓人對自己的民俗文化更加了解其意義。海內外的台灣人，如果想要傳承傳統文化，這會是一本非常棒的參考書。以個人喜好來說，如果書名是用「媽祖的子女」或用「媽祖」來代替海神可能會更讓人明白這是一本講說台灣故事的書，用海神比較像是西方童話的語言，反而德文的書名還比較傳神——《Die Insel der Göttin》。

另外，書中的另一個重點是談到缺乏關愛。書中的她與母親，都感到自己被愛捨棄。在她的成長過程中，她感覺自己就像是家中的隱形人一樣，因為覺得媽媽只愛妹妹，而她的媽媽也一直認為外婆只愛自己的妹妹。這種母女間的感情，不被談開，不曾觸碰，只是深深地壓抑在心底。作者說她是以寫書來抒發，並當成自己的心理治療，而這樣的故事也會讓讀者想到自己的成長過程。這部分其實也是書中想要表達的，因為愛的缺失，讓作者若有所失，所以要把它寫出來，讓自己檢視自己的心，同時也提醒我們不要忘了愛自己的每個子女。被忽視的子女也許沒有機會說出怨尤，但生命的失衡，卻是很難被填滿的。

無論書中所言真假，但這個家族的歷史充分說明了台灣的苦處。也許故事屬性的強烈，會讓人有不知該信與不信的迷惘，但把它當成小說來看，它的劇情又有點不夠戲劇性，而當成歷史書反而會對想要追求真相的部分，失去焦點。它的內容很人性，但可以想像作者寫出自己的家族故事時，必定曾遇到很多困難，因為書中的人都還活在當下，而公開家族故事，就像公開個人的祕密一樣，如同透明人一般，讓別人探窺個人與家人的隱私，這不是一般人做得到的。保障隱私與公開過往這之間有很多不容易處理的心情，寫文章的人多少都有這些疑慮。

以旁觀的角度來看，她提供了一個人性的面向。在那個時代身處於當下的人，都有一種無法被了解的苦與酸。書中每個人都像是我們的鄰居或認識的人那樣的平常，所描寫的環境也讓我們多感熟悉，就像是一個家庭的肥皂劇，但深藏的歷史力道又是那麼的深，讓人對這些小人物為理想起身奮鬥卻被命運糟蹋而感到鼻酸。

書中要傳達的也有這樣的意象，不管你身在哪裡，政治與歷史都在我們的當下，無論我們理不理這些，當下的政治影響的是我們個人的人生。當年的當下成了現在的歷史，每個人的血淚也逐漸匯成一部近代史，他們也許只是當年的一個統計數字，卻成為歲月、青春與生命交織的史書。它放大了我們對歷史的遺忘，讓我們發覺對小人物的同情，就是對歷史的深動感念，如何看待今日與自己的人生，是個人當下要思考的事，歷史是今日的延續，歷史是昨天也是今天，若沒有回頭看過去，對未來就會更迷惘。

它是本很好的啟蒙書，因為看完此書，讓我想真正了解台灣的歷史。每個人都有自己不同的經歷，很高興看到有人願意讓我們分享他們家族的故事，讓我們更認清自己的來處，這對我們尋找自己的去處是絕對有益的。

《台灣連翹》讀後感

這本日文的翻譯書，是一位研究台灣國際地位的德國法學博士給我的。他目前在台灣教書，而我原本在德國也從沒打算看這本書，是因為最近看了有關台灣家族史的《海神家族》，覺得對台灣的了解很缺乏，所以在書架中找到這本書，翻到內頁發現是德國人送我的，實在感到有些慚愧。

台灣年輕人很少認真看過這本書，在現今吵雜的台灣，恐怕也不會有太大的回響。但吳先生堅持在他七十歲的高齡時一定要寫完，其實是有很重要的理由，因為他想要給後輩一個完整的交代。他是一個出生於一九〇〇年的台灣人，歷經日本的恐怖統治時代，經常聽聞、看見日本人對台灣人的殘暴對待，他檢討自己唯唯諾諾的個性，可能也與他當年恐懼日本人的暴行有很大的關係。他的性情讓他存活下來，但他也真真實實的對後代交代了那個世代的經歷。日本統治台灣時，日本人如同流氓一樣地對待台灣人，只要看不高興就殺，日本軍刀砍台灣人頭時有所見，他們從沒有對台灣人慈悲過，不過當時也有很多台灣人因親日而得勢。

直到現在我們偶爾還是會聽到老一輩的人說日治時代的治安好過現在、當時的社會很有秩序等等稱讚日本的話，我們晚輩常常聽了也就算了，但如果看過《台灣連翹》這本書，其實就會知道，日本人在日治時代濫殺台灣人的人數也沒有比國民黨少。日本為了戰爭徵收過多的台灣農作物，使得物產豐饒、稻作一年可以收成兩期的台灣人餓昏餓死，這是什麼樣的景況？在這種情況下，大家還是只能默默接受地被日本人稱為清國奴、被迫做日本的二等皇民。在當時日本人的眼中，台灣人如同草芥，二次大戰剛開戰時日本不准台灣人當日本兵，但等到日軍節節敗退了，才強制台灣人當兵，讓台灣人去為日本人賠命，並且還強制大家繳金、繳銀、繳交任何的金屬器具給軍方去製造軍事武器。在戰爭中國民黨軍用槍掃射台灣的日本兵，並叫台灣人為日本皇民，現在想來是多麼的諷刺！當年的他，當過教員，也曾到中國發展，卻因為不會說北京話而無法謀職。他也點出了當時前往中國的台灣人因不被認為是中國人，無法取信於中國人，而必須隱藏台灣人的身分背景，可見中國從來就不把台灣人當成同一國的人，今日更是如此。中國說要統一台灣不過是藉口，因為中國打心裡從過去到今天都沒有把台灣人當成中國人，反而我們自己卻非常困惑自己的身分。如果說，中國有什麼足以媲美全世界的發明，台灣人就因此說自己是中國人，那只是自己的一廂情願。因為相反地，中國也會很噁心地說台灣的發明是中國之光，面對這樣的情況台灣人會願意、甘心嗎？台灣人的個性其實是投機的，這種個性甚至反應到認同的問題上，台灣人的認同困惑是教育上出了問題。台灣人還要到處碰壁，隱藏、困惑自己的身分到何時？為何要害怕承認自己？

當時他堅持這本書要在完書後十五到二十年才出版，因為他知道這本書會得罪很多當時在台灣還非常有權勢的家族與政治人物。當時的台灣尚未解嚴，他的經歷告訴他，他會因為這本書被整肅，甚至可能禍及家人。他在書本的最後終於點出了台灣人最大的悲哀，就是台灣人害怕自己的真實面貌。

日據時期的辜顯榮只是個浪蕩人，在《台灣連翹》書中我們可以看到他如何殘害自己的同胞。當時他騙同胞說要抗日，於是集結了七十多人埋伏在三貂嶺，然後再假藉要刺探軍情，自己獨自跑到基隆港口，結果當日軍一到達竟是直接向接收台灣的日軍投誠。他向日軍投誠最具體的證據，就是帶領著日軍去攻打被他所騙來的反抗民兵，最後日軍當然是一舉得勝，而他也邀到了功勞。另外像是連戰的父親連震東這個「半山」，會有這麼強的黨政關係，也是與出賣台灣菁英名單給國民黨大有關係。現在我才知道人家所說的「半山」就是從台灣到中國去發展，再回來台灣迫害台灣人的意思。書中舉了相當多的證據，也明確指出哪些人做了這等惡劣情事，即使像是連戰的祖父連橫曾寫了《台灣通史》一書，對台灣有所貢獻，但他卻也曾為了利益而寫了〈吸食鴉片有益健康〉之文，實在令人錯愕。台灣人與國民黨的關係，字面上好像沒有說明什麼、看不出什麼，但如果看過《台灣連翹》，就會知道這些台灣人能夠擁有如此良好的黨政關係，就是因為曾做出沒良知沒血淚出賣自己靈魂的事來的。

過去許多台灣人想要發跡，竟然是靠害死自己人來攀附權貴，雖然各國都有這樣駭人的情事，但對於長期沒有尊嚴地被外族統治，最後卻因自己人而死在外人槍下的台灣人而言，實在不甘心，也讓人深感悲涼。

閱讀《安妮日記》的迴盪

每當我想與德國人討論猶太人受迫害的那段歷史，總覺得他們過於敏感，討論不出個所以然來，所以我便打算自己去探查當時的實況。就在這種心情下，我去借了《安妮日記》，這本書是一個猶太女孩逃難到荷蘭躲藏時寫下的。在我還沒看完這本書之前，每當我翻閱它時，總讓我覺得有種恐怖的真實感。因為她寫來毫無布局，但生活的點點滴滴卻又那麼真實地發生。每當我讀著它時，一點也不會感覺那是個遙遠的世界，只覺得那種殺人魔似的瘋狂行徑是那麼漸近性、那麼荒謬，卻步步為營地達到消滅一個人種的目的，這種行徑讓有理智的人完全無法理解。

在一九三九年當時，所有猶太人被迫要穿有六星標誌的衣服；晚上八點以後不准在公共場所出現；不准搭車也不准開車，只能走路與騎自行車；猶太學生僅能上猶太人的學校。讀到這裡就讓我毛骨悚然了，但當時社會的民眾竟認為這是理所當然！幾年之後，因為大家也不反對納粹的不人道規定，所以對待猶太人的方式也愈來愈過分，到了一九四二年警察竟然就開始當街抓人送去集中營。當時的大學生還被要求要簽同意政府這麼做的同意書，否則將被迫輟學或送去集中營，但在荷蘭有百分之八十的大學生拒簽，因此大多遭到被送往集中營的命運。

在閱讀這本書時，我的腦海浮現出了甘女士的身影，比較了一下她們兩人的年齡，我所照顧的甘女士竟還比安妮大一歲。歷史是延續的，也是現在的。想想看，如果安妮能活到今天也不過才七十三歲。七十三歲的女性在我們的社會中比比皆是，在我們年輕一代的眼中，她們的經歷似乎已經不太重要了，但是在她們的時代中，卻真實地發生了讓人無法相信的「合法」、「組織化」的大屠殺，包括戰犯、猶太人及社會邊緣人如精神病患（當時的同性戀者也被認定是精神病患）與政治犯等，林林總總至少有八千萬人受害，其中猶太人就占了至少六百萬人。想到安妮所寫的一切，真實地在活著的七十歲初頭的老人身上經歷過，讓我不時有時光倒錯之感。

我在德國照顧的甘女士是現年七十四歲的精神病患者，她住在養老院中，而我是公寓住所精神病患的專業照護人。甘女士有離開現實很遠、不可思議的妄想，她認為自己是國際警察，每次遇到不如意的情況時，她就吼說她是警察，禁止人家和她爭辯。當時我想到安妮，如果她還活著，會不會也瘋了？讓妄想的執著意念保護自己，為在瘋狂的殺人世界中，保存自己！有時我真的不敢再多想下去，甘女士為何而瘋？是她瘋？還是那個世代逼她不得不以妄想來逃避現實！

記於二〇〇二年七月

二二八仍欠一個審判

二二八事件是台灣人心中最大的痛，在國民黨將近四十年的長久獨裁中，沒有人敢揭疤，使得這段早應被認識與正確解讀的歷史，無以讓台灣的後輩全面了解。國民黨從一開始的否認，一直到二〇〇五年馬英九的道歉，算是由官方證實了二二八事件，也讓它有了歷史地位。但這段歷史是全台灣人的歷史，也是讓我們檢驗獨裁之害的歷史，二二八不僅是受難者家屬的日子，也不能只局限在賠償問題而已。原本馬政府要把「台灣人權景美園區」改名為「景美文化園區」，特意抽掉人權字樣；在二二八紀念館的五月更新計畫中，更將把白色恐怖展區取消。國民黨的馬政權執政後，大動作地企圖去掉紀念歷史真相的文字與展示，對於這種為國民黨遮醜，企圖抹去歷史真相的動作，實在讓人擔憂。

記得在德國的某次自助旅行中，我在杜塞爾道夫的青年旅館遇到一位日本女孩，她知道我來自台灣後，不禁向我哭訴她身為日本人的恥辱。她說她在日本完全不知道自己的國家在二戰中扮演著什麼角色，直到來到了國外後才得知那原來是日本攻擊其他國家的歷史，她對此覺得非常慚愧。相對於日本的遮掩歷史，德國政府顯然是成熟多了。在歷經兩次世界大戰後，德國成了廢墟，一位當時身處希特勒政權的政論作家與記者哈富爾（Sebastian Haffner）曾著書說，希特勒第一個戰勝的是德國人本身。他的話語重心長，因為身處在希特勒政權的時代中，每一個有良心的德國人，幾乎都逃不過良心的折磨，他們對希特勒敢怒不敢言，當時不僅因種族問題使得猶太人與吉普賽人遭到迫害，即便是政黨不同的共產黨及持反對意見的人，也全都被抓到集中營。他以一個活在那個年代的法律人，因關心時局、發表政論，最後也不得不潛逃到英國。夏夫勒在自傳中寫到，希特勒當時發信給從公職退休的父親，要求父親簽下切結書，保證他對現今所有發出的政令不得有異見，否則將止付他的退休金。為了家人生活的安定，他的父親簽了。但這也是對一輩子奉公守法的公務員來說，是一大恥辱，他當時看到父親滿滿的憂慮全寫在臉上。

在二戰後，保留希特勒時代的集中營遺蹟，用真實的事蹟讓後代子孫了解德國的歷史，成了新政府最大的任務。當年二十二處集中營，殺害了六百萬以上人的性命，所有被抓的人的財產與權利也全部喪失。我在德國生活多年，看到德國許多地方都還留著當年的集中營遺址。集中營的留存，不僅對德國是恥辱，也是對德國及世界的教訓。我常跟朋友說，來到德國一定要去集中營看看，因為這是德國面對歷史的特別之處，也是別的國家所沒有的特色。去參觀集中營的心情是沉重的，也能感受得到當年的悲慘。我們出國除了觀光、遊山玩水外，也可以學習他人的智慧，把真實的歷史作為借鏡。初到德國時，有一次與德國帕德伯恩（Paderborn）市府的青年團開車到波蘭的姊妹市旅遊，回程途中青年團特地安排我們到世界第一大的奧斯威辛集中營（Ausschwitz）參訪，該集中營曾殘殺上百萬人的性命，是當年的死亡工廠，可說是所有集中營中最為恐怖的一個。參訪時我看到毒氣室的地上點著成排的小蠟燭，是用來紀念往生的受難者的。集中營裡氣氛凝重肅穆，我記得集中營的門口刻著：「不向歷史學習，歷史將重演」，這些字至今仍讓人印象深刻。德國政府不僅在國內留下集中營，連政府單位辦的波蘭參訪都還特地繞道到最大的集中營參觀，其重視青年學子的歷史教育可見一斑。如果換作馬政府在德國領政，是不是所有的集中營遺蹟都該拆毀或更名呢？

國民黨自始至終都是加害者，要他們以全面而健康的心態來面對自己的錯是不可能的。兩國的歷史背景或有不同，但獨裁者屠殺的心態卻無二致。德國在二戰後曾舉行紐倫堡大審判，新政府與舊政府切割並深自反省，且把納粹時代的政府政務要官判罪處刑，讓社會人心因暴力獨裁政府被審判定罪而有公評的尺度，也讓世人了解法西斯與獨裁本身是錯誤的，而這也成了現今德國一般世人的普世價值觀。反照台灣，國民黨這個迫害人民的政黨在台灣持續執政，並且還企圖掩飾歷史真相，否認錯誤，顛倒是非，直到喪失政權後才矯情地為了選票，由當年的台北市馬市長向全民道歉。但國民黨其實根本沒有重新審視當年歷史的決心，至今還把二二八大屠殺的主謀蔣介石再度抬正，並把民主廣場再度改成瞻仰其名的中正紀念堂，讓台灣的民主蒙羞。國民黨崇蔣的屠殺惡行彰顯了它暴力獨裁的本質，為了遮掩政黨過去獨裁醜行與罪惡，馬政府不能正面面對歷史人物的定位，將讓台灣的道德價值觀陷於萬劫不復之地。

◀柏林附近的前薩克森豪森集中營的藝術品。（魏聰洲／攝影）

◀過去東德時代的柏林圍牆。（魏聰洲／攝影）

中正紀念堂與柏林的被害猶太人紀念碑林

每次看到台北市的中正紀念堂，都會讓我想到德國柏林的歐洲被害猶太人紀念碑林。這個紀念碑林位於德國國會旁，距離德國聯邦議院和總理府所在地近在咫尺。整個紀念碑林占地一萬九千平方公尺，由體積不一的二千七百一十一塊長方體水泥碑組成，最高的水泥碑有四・七公尺高，最矮的不到半米。從遠處望去，黑灰色的石碑如同一片波濤起伏的石林。在混凝土水泥紀念碑下方是一個名為「信息之地」的地下檔案展覽館，當中展示當年歐洲猶太人慘遭納粹德國迫害和屠殺的歷史資料，此設計巧妙地將地上抽象的碑林與地下詳實的史實結合在一起。

中正紀念堂位在台北市的精華區，也在總統府與國會附近，紀念堂主體面積約一萬五千平方公尺，與柏林紀念碑林的面積相比尚稱小些，但兩者面積都是非常浩大。同樣面對獨裁問題，德國的紀念碑林是要世世代代的德國人與德國主政者永遠記得，也要他們永遠看得到他們曾經犯下的罪行，讓他們世世代代無法迴避並懺悔，而台灣面對獨裁的教育是什麼？中正紀念堂網站傳遞的訊息顯然是——歌功頌德。

中正紀念堂管理處處長吳祖勝對此表示：「歷史部分交由歷史學家去研究，這不是中正紀念堂該做的事。」這話說得多麼輕鬆自在，多麼義正詞嚴！他把歷史抽離人民生活的現實，要歷史歸於歷史學家，但難道台灣人民花錢蓋個紀念堂不能也不需要知道這個被紀念的人物真正的歷史真相嗎？人民有知的權利，吳處長這種把紀念堂當成天堂在管理的心態，實在已經不適合再繼續任職下去，並且請住過德國多年的該處主管單位文化部龍部長給他一堂在職教育課！

▶柏林猶太人紀念碑林一角。（曹欽榮／攝影）

▶柏林猶太人紀念碑林。（魏聰洲／攝影）

◀台灣中正紀念堂。

民主人權研討會系列活動——守護台灣

邀訪台灣專家、學者參訪德國轉型正義機構及參與座談

德國台灣協會在二〇一二年的人權日當周於德國柏林、達爾姆市（Darmstadt）及Bad Homburg舉辦了從十二月三日至十二月八日為期六天的民主人權系列活動，並邀請「台灣民間真相與和解促進會」理事兼台灣中研院台灣史學專家吳叡人教授、推動轉型正義實務的該會執行長葉虹靈女士、鄭南榕基金會董事暨執行長暨綠島人權園區策畫曹欽榮先生及旅法歷史學者魏聰洲先生，參訪前東德轉型正義基金會（Bundesstiftung zur Aufarbeitung der SED-Diktatur）與德國前東德情治單位檔案資料總部ＢＳＴＵ（Der Bundesbeauftragte für die Unterlagen des Staatssicherheitsdienstes der ehemaligen Deutschen Demokratischen Republik），與德方做專業與深入訪談交流。從台灣來的訪問團由前東德轉型基金會理事長Rainer Eppelmann和總幹事Dr. Anna Kaminsky接待。在BSTU則由最高層代表Roland Jahn先生向台灣訪問團致意，並由其負責人Bert Rosenthal先生與檔案部館長Birgit Salamon女士解說。另外台灣訪問團也參訪了德國全國人權機構German Institute for Human Rights，並由具豐富實務經驗的Heinz博士接待及介紹德國人權工作的內容。國會參訪的部分則由德中友好協會台灣之友理事長暨負責國防委員會的國會議員Anita

Schäfer女士之助理Boes先生及社民黨負責人權與人道救援議題的國會議員Christoph Strässer助理Dr. Meerkamp接待參訪團。

十二月四日台灣訪問團在與前東德轉型正義基金會的拜會中，得知該基金會是前東德政府倒下後，為了宣傳與教育反獨裁政權所成立的。該基金會接收了前東德七千萬以上歐元的黨產，而基金會每年就用這筆錢所生的利息維持運作，並且做了非常大量的研究報告，也在此次拜會中與台灣建立合作專案。而在他們了解台灣目前仍由過去的獨裁政黨執政，該政黨並用高於前東德黨產的三十倍資金作為贏得選舉、獲得政權的工具時，前東德著名的人權運動者也是目前此基金會理事長Eppelmann先生為台灣的民主前途深感憂心。

在參訪德國人權機構時，除了解德國人權狀況外，訪問團也傳遞了台灣目前人權的現狀，並舉陳水扁前總統為例，以他在監獄關獨房的情況，在國際上的人權檢視中，已是屬於一種精神虐待，將造成無法回復的精神損傷，如重度憂鬱與被害妄想等症狀，而台灣政府卻完全不認為這是一種虐待，由此可以凸顯台灣監獄管理與醫療人權仍待改善。

台灣訪問團一行人在十二月五日接著參訪東德政權時代獨裁政治迫害機關行政中心與政治犯的看守所（Hohenschönhausen-Gedenkstätte），並由當年的政治犯做導覽，而副館長Helmuth Frauendorfer先生則負責接待，他強調轉型正義在過去東德做得並不完全，因為許多當年在前東德做審問政治犯與偵防工作、情治工作的人（ＳＴＡＳＩ）目前仍住在該監獄附近，他們經常騷擾監獄訪客，也會在監獄前喧鬧阻撓訪客參訪。

同一日，德國台灣協會為響應「全球守護台灣反媒體壟斷行動」，於臉書貼出本次訪問團在柏林布蘭登堡門前拍的合照，照片中秀出「反媒體壟斷，我們在柏林守護台灣」，並於座談會中，由柏林代表處吳副代表接受德國台灣協會的聲明，協會強烈表達德國僑界關注台灣新聞媒體自由與多元化的民主發展。這場柏林座談會來了許多年輕學生與台灣僑界關心民主運動者，大家在現場的討論非常熱烈。吳叡人教授的精采演說，讓在座聽眾充分了解轉型正義原由及其重要性，吳教授提出對時事犀利的批判，鼓勵外交部應正面回應與面對國際局勢，以台灣為一個主體國家對外進行外交政策，此說得到全場熱烈的反應。台灣僑界也在討論時提出陳水扁前總統目前的處境與其他國家做比照，顯示陳前總統沒有得到基本的人權尊重，台灣目前完全沒有民主國家的成熟度。

十二月六日訪問團參訪ＢＳＴＵ德國前東德情治單位檔案資料總部，負責人介紹該總部資料之多，若合併起來有長達一百六十多公里的長度。在東德圍牆倒塌時，前東德人民即勇敢地前往檔案總部強烈捍衛檔案的保存，那是當年社會上非常大的公民運動，但即便如此，仍有大量檔案被銷毀，該館目前正積極著手恢復檔案資料，並研發電腦程式重新重組資料檔案，目前所找到的被毀滅的資料多是接近柏林圍牆倒下前的近期檔案資料。檔案管理法在德國已行之數年，台灣參訪團在參訪的當日，台灣民間真相與和解促進會也正好向台灣立法院送入剛擬好的「二二八事件及動員戡亂時期政治檔案法」，參訪團於參訪交流時告知該總部人員，大家都為之感到興奮。德國前東德情治單位檔案資料總部負責人也表達，期待台灣立法院能早日通過此法，因為這將對台灣未來的檔案管理能有制度性的規範。另外訪問團也到過去柏林圍牆邊界的教育中心參訪，了解德國人如何呈現過去獨裁時期的歷史，與政府如何加害人民的案例。德國人深信，只有了解獨裁本質與獨裁各種形式的呈現，才能讓人民真正覺醒而反抗獨裁的侵逼。

十二月七日訪問團到達爾姆市，這天訪問團與國家劇院演出林美虹編舞之「新娘妝」舞劇的臨時演員們有一場討論會。這些臨時演員因扮演此劇中的二二八受難者家屬，而對台灣的歷史有深入研究。由於他們有的是歷經納粹時代與曾遭受過前東德獨裁政權蹂躪的民眾，所以非常了解獨裁政權的恐怖。他們除了深入了解台灣目前轉型正義工程的現況與難題外，也將之與德國做比較。他們對於台灣目前除了必須面對中國的武力威脅，更要克服中國用龐大財力購買台灣媒體，影響台灣新聞自由與多元化，深深感到憂心。「新娘妝」舞劇，去年得到德國最高藝術獎浮士德獎的入圍，讓台灣在德國藝術界名聲大為提升。此劇目前正在籌辦到高雄演出的可能性，從台灣來的參訪團也誠摯希望能在自己的故鄉看到此劇的完整演出，藉此在轉型正義的藝術國際交流中踏出最具意義的第一步。討論會中，德國人得知殺害台灣人的政權沒有加害者的情形，都大為驚訝，認為加害者沒有受懲罰，根本無法給社會交代，也無法培養社會是非善惡的價值觀，德國設立了各種紀念碑與紀念中心，就是要告訴全球世人，若沒有了解歷史，歷史將會重演。而台灣獨裁時期對政治犯判刑的幾個主要加害者明明罪證確鑿，卻能像是沒事一樣地在美國生活，這種情況也令國際人士感到不可思議。最能代表台灣民主退步的事實的，即是西藏民主領袖代表達賴喇嘛與新疆推動民主的領袖熱比婭無法獲准來台，這些指標性人物不能到台灣，讓國際人士更了解沒有完成的轉型正義，是台灣民主無法穩定的原因，而倒退成為獨裁的可能，更是幾乎可見。

十二月八日參訪團在Bad Homburg與台灣鄉親及學生的座談中，除了介紹轉型正義理論與實務工作外，也介紹並播放鄭南榕影片，讓年輕學子更能體認言論自由爭取的過程與可貴。身為鄭南榕基金會董事的曹欽榮先生，也從事了多年的綠島人權園區的整建工作，他個人所蒐集的數十位受難者的口述歷史與檔案資料，也成為研究台灣史最重要的資產。而在民間真相與和解促進會執行長葉虹靈女士的報告中，我們才得知因為有該會及受難者的強烈抗議，才讓景美人權園區保留政治犯當初的生活原貌，讓園區成為紀念民主與人權象徵的形態，否則在馬政府原來的規畫中，民主、人權的意涵在園區中會完全消失，差一點就被馬政府轉型成藝術文化的買辦中心。代表歐盟觀察成員的魏聰洲先生在座談中整理的回顧柏林參訪機構的資料分享，也讓在場人士對德國從事轉型正義的現況有更全面的了解，讓全場討論更能深入比照台灣現況。

此次參訪團得到非常豐富與具體的經驗交流，藉由主辦單位德國台灣協會的籌辦，讓大家此行收穫滿滿，也達到台灣與德國及相關人權團體深入交流的實質意義。

◀猶太人紀念碑林地下室的博物館。（曹欽榮／攝影）

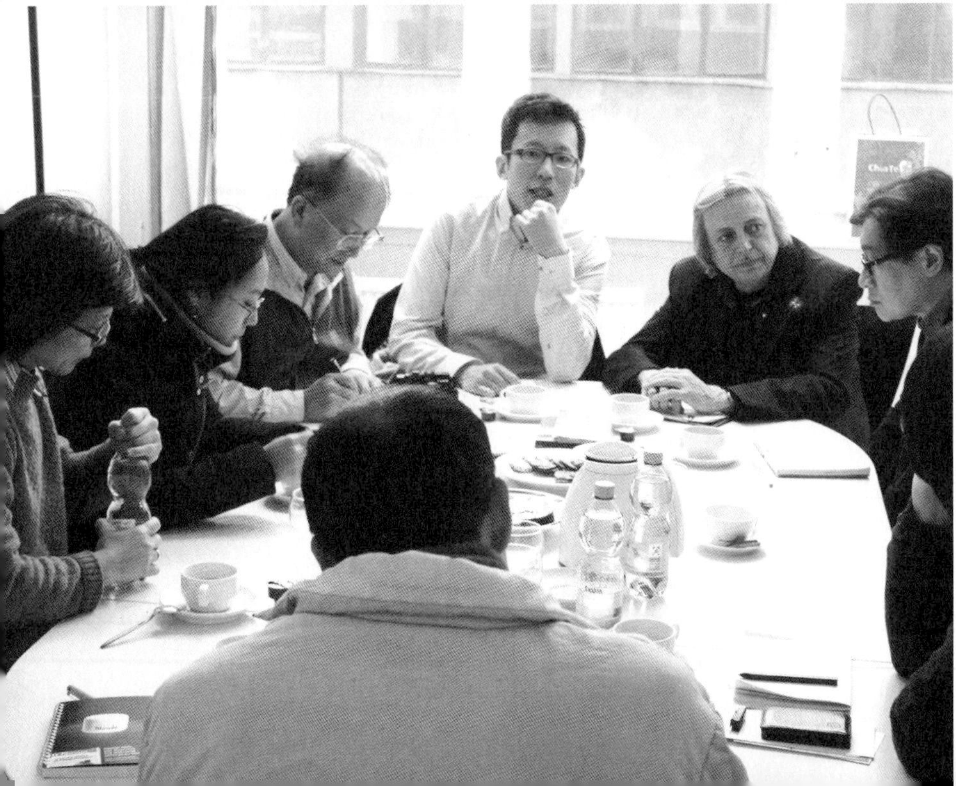

◀霍賀豪森紀念中心，前東德政權時代關禁政治犯的看守所。（魏聰洲／攝影）

劉曉波面具蓋住台灣主體

二〇一三年的六月四日，我從德國來到中正廟。手中拿著釋放劉曉波的面具，心中吶喊著為何不能也有訴求釋放陳水扁的面具？這場六四紀念會沒有台灣的主體性，感覺就像是這個紀念活動也可以是在溫哥華或馬尼拉辦一樣，如果這是主辦單位的目的也罷！

王丹要陸生面對黑暗，但沒有談到走出黑暗的過程與又重新面對民主黑暗的台灣是如何，獨裁是不知不覺的，人民一定要警醒。

台灣沒有疏忽的本錢，即便是德國至今仍一直在做轉型正義的工作，也仍然持續在學校與媒體中宣導反獨裁的教育。如果我們說台灣今天已有民主的果實，那無疑是被馬政府灌了迷湯，要讓大家忘了過去的真相。其實在台灣，沒有加害者的司法冤案一直都存在，台灣根本不是法治國家。

這樣只有形式沒有交流的紀念會，如何能讓民主有學習成長的機會？轉型正義只有實地督促與參與的人才最清楚，這樣一場失去本土交流的紀念，讓人不免失望。不忘六四之餘更應該要增長六四精神，這樣犧牲才不會白費，這場紀念會只有骨沒有肉，實為可惜。

要人走出黑暗也不能只是煽情地唱歌，更要深談與交流。一個相近於中國政府的統治手段下的台灣經驗，絕對值得陸生了解，民主是一波波用青春、用生命爭取與監督來的。

一九八九年的台灣四月，鄭南榕為了民主與人權自焚。如果沒有鄭南榕的衝撞、沒有學生們的野百合運動，也就沒有相關人權法案的修法。台灣的前總統李登輝並不是自願修改《刑法》第一百條，他也是在人民的強烈抗議中才妥協修法的。

六四天安門事件中的坦克有國際媒體關心、拍攝，也有世界性的紀念會，但台灣的鄭南榕在同年自焚，卻被抹黑報導，沒有多少人知道他在哪一天自焚。今天的紀念會請來了一些名人，但沒有結合台灣民間社團的經驗分享，只是把六四形式化，弄得像大拜拜一樣，拜完了就看天意了。這場紀念會架空台灣的分享經驗，實屬遺憾。

在維也納受中國人辱

我只拿中華民國護照，我當然只能承認中華民國這個國家，只是這個中華民國，在歐洲不是沒人聽過，就是講不清楚、說不通，要不就是被中國人拿來嘲笑。

有次我和朋友到維也納旅遊時，在國會那裡的廣場遇到一個中國人，他問我們從哪來的，我說台灣，他說：「你們是從中國的台灣來的。」然後就快速走開，當時我心中有一陣被羞辱之感。

我無從選擇是個中華民國的國民，也了解台灣移民與殖民的歷史，只是希望大家在找公約數的同時，也想想有沒有更好的解決方式，讓台灣人走出去不再被用奇異的眼光看待，這是我終生的期待。我希望有一天能拿到一本護照，它是我珍愛的國家的護照，而且被全世界的人承認。不再是像現在的中華民國，僅僅是存在，而且是被人嘲笑的存在。

◀台灣協會在德國辦得活動，相當受到歡迎。（德國台灣協會／提供）

外交部誤導台灣變中國

二〇一三年某日我把辦事處新聞組寄來的宣傳冊丟掉，因為封面上寫著Republik China 中華民國。封面下面印了Taiwan，並印上此冊是中華民國（台灣）外交部所印製。這本手冊造成國際人士對台灣的國際地位產生混淆，也讓台灣背負了中國的無人權污名。

一個友善的德國友人參加完台灣原住民帖木尤幹在德國茵果市的演奏會之後，非常喜歡我們的原住民音樂，也很高興認識了台灣原民文化，便順手拿了本外交部的宣傳手冊。後來有一天他突然很詭異地問我：「台灣是中國？」並且還以非常擔憂的語氣說：「那麼你們現在有民主嗎？」一個本來要宣傳台灣文化的活動，卻因為擺了外交部的宣傳手冊後，反而讓文化失色，還讓主辦者要去解釋台灣與中國的關係，拚命地強調台灣與中國完全不同，希望能去掉外國人以為台灣沒有人權的印象。絕大部分拿了手冊的外國人，不會再回來問台灣是不是中國，因為他們拿了手冊之後，就直接留下了台灣是中國的印象，或是台灣有沒有民主的問號。他們原本是想要認識台灣，卻得到了台灣竟是中國的印象，這樣的宣傳手冊，不是反宣傳嗎？

在海外的我們，為了宣傳台灣而辦了許多文化活動，目的就是要讓聽都沒聽過台灣的國際人士認識台灣之美，體驗台灣美好的優質文化，然而這樣的一本冊子卻讓國際人士對台灣的印象更為模糊，不僅如此，還讓我們背負中國的負面污名。我們要拜託有關單位不要再印製這些害台灣人解釋不清的宣傳手冊了，這樣只會讓台灣人在國際上啞巴吃黃連有苦說不出。

德國統一，台灣不一樣

東德、西德的統一與台灣及中國的模式和條件都不一樣，我住在德國二十幾年，知道直到今天東德還是被統得很沒有尊嚴。他們的工廠幾乎全倒，失業率很高，治安也不好。現在德東很多地區都變成空城了，因為經濟狀況很差，幾乎只能靠德西幫忙撐著。台灣如果被中國統一的話，中國會幫忙復甦台灣的經濟嗎？德國當年是被迫分裂的，德國人有統一的夢，這可以理解。但台灣是被分割出去、被占領，我們的奴性是被殖民養出來的。從來沒有當過主人的人，不會知道什麼是自主所以希望被統一，也就是繼續再被殖民。這種奴性，反應出了非得找人來管自己不可，因為只要自己有一口飯吃就好，就算把自己閹割了也沒關係，這種論調是很可議的。

西德的富裕與民主都比東德好很多，所以面對東德的頹弱，西德還是可以撐得下去。但台灣如果不維護主權，結果就只能被中國吃下去。歐洲有很多小國在惡名昭彰的大國覬覦之下，也都經過了血淚斑斑的戰爭才得以存活下來，他們的血淚有其價值，因為換得了永久的自主與獨立，荷蘭、比利時、盧森堡、瑞士、奧地利可以獨立自主，也可是與不是歐盟。二〇一二年的諾貝爾和平獎給了歐盟，就是因為他們在歐盟各國間維持了六十年的和平。

國際上各國間和平的基礎在於彼此地位的平等與互相尊重，小國可以很有尊嚴地活在德國與法國之間而不被吞併統一，小國不一定要抱大國的大腿，也不必被統一，大家都可以活得很好、很自由。歐洲的年輕人最喜愛荷蘭，因為荷蘭生氣盎然，在思想與步調上也是帶領歐洲各大國的領導者，像最近德國才剛通過的同志法案，人家荷蘭早就通過了。我們難道不能自許為一個有尊嚴的民主小國嗎？為何一定要被統一？

沒有必要非得統一不可，想要被永遠殖民的人，就會支持統一。但先維護自己的主權，才是最重要的。和平的定義是要有平等做為基礎，才能和諧，才有真正的和平；沒有尊重就沒有平等，想要和諧當然不可能，當然也就沒有真正的和平可言。

贊成先獲利，再來談統一的人，是自願閹割自己、縫上自己的嘴巴。如果統一換來的是沒有自由民主與人權，那麼這種統一只不過是被殖民。東西德的統一換來了前東德人民的民主與自由，工業雖然凋零，但還有富裕的西德大哥撐著。反觀台灣若是被中國統一，就必須要犧牲民主，並付出經濟損失作為代價，中國現在要爭取台灣的友好時都不太會理你了，統一後一切問題解決，他們還會理你嗎？請大家想想看。

我們的《刑法》自一九九二年修法後，民眾便擁有百分之百的言論自由，然而這樣的自由將在統一後完全消失，而我們的工業本來就愈來愈差，屆時中國還會幫忙嗎？這幾年台灣不是友好中國，直飛、直接與中國做生意，直接到那裡開工廠，但最後換來的是台灣人的職缺消失。如果台灣的工業不升級，產業移居外國或中國都不能提供台灣人工作機會，這跟統一與不統一根本沒有關係，而這些也都不可能在統一後變得更好，因為統一後中國還是有自己內部的經濟問題需要處理，現在中國都不理你了，大家還奢望統一後中國會理你？統一後，我們只會幫他們成為世界最大霸主，讓他們對世界更傲慢，而台灣人卻將變得更窮也更不能發聲。

提醒想要靠統一來獲利的人，請看馬政府現在都還沒有與中國統一，就讓台灣把所有的利益都給了中國，而台灣人卻愈來愈沒有工作機會，所剩僅存的是還有一點點的民主自由。如果台灣人只是為了賺中國的錢，那就更不需要統一，因為德國最大的進口國就是中國，而德國也到中國蓋了三個奧迪工廠，是中國非常友好的生意夥伴，但是德國並不需要輸掉民主與自由。台灣的統一論是被殖民論，這實在太危險了！

從甘比亞與中華民國的斷交談起

因為甘比亞與中華民國斷交的關係，使得大家開始熱烈討論起馬政府的外交休兵政策引出這個惡果的問題。其實，若只是這樣想，也太簡化台灣所面臨的外交問題了。中華民國政府自一九四九年統治台灣以來，就一直不敢面對這個問題，並持續在台灣延續一個有主權，卻沒有國家名分的特殊狀態。在台灣只要有人談到這個問題，就會馬上被說成是在講政治，而政治的事，不講！

這樣的情況拖了超過一甲子，問題不但沒有解決，而邦交國漸趨於零的事實卻是一天比一天逼近。如果中華民國有邦交國存在，就等於中華民國存在，這是個邏輯問題。那麼中國希望台灣是中華民國，還是不希望台灣是中華民國？如果在中國還沒有把中華民國統一以前，台灣就被邦交國斷交光了，成了一個零邦交國，台灣因此自證中華民國不存在時，那麼台灣是什麼？

中國與台灣之間的服貿協議必須要通過台灣的民主程序認可，但至目前為止還未完成，這個和平協議的表面動作都尚未簽訂，如果要強奪台灣也太難看了，而中國又不能自行到台灣來統一中華民國，可是如果台灣的邦交國沒剩半個時，這種情況也很奇怪。所以依照目前中國在世界呼風喚雨的態勢，中國未來可能會要脅台灣剩下的二十二個邦交國，不准他們片面與中華民國斷交，而是必須要等到服貿通過了，即將統一台灣時，最後一個邦交國才能斷。也就是說，未來要不要與中華民國斷交，這些台灣的邦交國自己也作不了主，大家都要看中國的臉色。

台灣帶著國家定位的問題已經過了六十四年了，台灣自己若不面對問題，中國也會要你面對。而我們這六十四年來，只是蒙著頭苦拚經濟，卻完全沒有為這個問題好好辯論、思考過。大家一天過一天，到最後好像也只能坐以待斃，一直等到人家來為我們做決定。自己的未來坐等著美國大哥來決定，等中華民國反攻，現在等中國共產黨統一，就是沒有想要自己成為一個可以被承認的主體，或許這種鴕鳥心態的平衡對世界來說是多一事不如少一事，但台灣人被國民黨教育到不敢去想要擁有自己的國家名稱，這不知是好還是壞？一個沒有名稱的主權主體，名字隨便人家替我們改來改去，這樣要如何擁有國家的品格與靈魂？沒有名字就沒有自尊，也不能愛自己與愛別人，更別說要自我實現。

護理專業中Maslow理論強調，人的發展要透過五大需求的滿足才能健全，這五大需求是人類發展的基本原則，從下到上形成一個金字塔形。占最大的第一層是身體基本需求，即生理的滿足；第二重要的是安全的需求；第三重要的是社交需求，也是社會關係的需求，即愛與被愛；第四重要是社會承認的需求即尊重的需求，也就是自尊與尊重人；最後一層是自我實現。人的發展從最基本的需求被滿足了，才能再發展下一個，一直到最後透過實現自我才能成為發展完整的人。每個人都有以上這些最基本的五大需求。

從以上理論來看，人滿足了生理需求後，再來就是需要有安全感，才能發展社交關係，並發展自尊與尊重及到最後的自我實現。所謂的靈魂與價值，是屬於比較高層次的自我實現。國家的品格發展也是如此，如果一個國家被迫處在生理需求無法滿足，且安全感也在持續不穩定的狀態下，這個國家就不能也不敢發展社交關係，至於靈魂的自我實現也就更別想談了。國民黨統治台灣六十四年，始終不願讓台灣人思考自我存在的問題，但我們要自問，我們要因為沒有國際身分，而永遠當個沒有靈魂的國際「東西」嗎？

參考資料：http://s1657123.blogspot.de/2012/06/blog-post.html

面對中國

在我們這個時代，無可避免的，大家都必須要面對新興於世界的睡獅——那條有野心的巨龍。最近我看到德國的《時代周刊》大幅介紹了中國的經濟，與其對世界的影響。身為台灣人的我們，更是不能逃避。現在全球所面臨的經濟危機，已讓西方國家在經濟上必須要看中國的臉色，中國被提早推到影響世界經濟的中樞，不管中國願不願意，這都是中國站在他們的位置與高度上不可避免的世界課題。

最近我也開始看一些有關華人世家的歷史小說，如陳玉慧的《海神家族》講的是台灣三代人的故事，也看了龍應台的《大江大海》。雖然是不同的故事，有各自不同的風格，但都是台灣與中國無法割捨的真實寫照。台灣自古以來，來了很多不同時代的中國移民，大家共同經歷了歐洲與日本還有流亡政府的統治，最後失去自己的身分，如果現在只用藍綠來看政治問題，似乎也太簡化了。

在德國，我從一開始以身為中國人的認同，覺醒到知道自己不是人家口中說的中國人，而必須向人強調我是台灣人，我的國家跟那個人權飽受摧殘的未開發國家不同。我在德國也與中國人有些接觸，總覺得他們不愛提過去，看我們則像是看待客人一樣。我在德國的亞洲商店中，常看到中國製造的食物包裝上標明了「台灣口味」，這表示台灣如同巴黎或像是德國人眼中的瑞士一樣，在中國具有領導風格的地位。這真有意思，因為我們台灣一直就像是沒有身分的童養媳，可是在中國卻具有東方巴黎之美稱。所以，漸漸地我感覺到如果中國勢必將會影響全球，那麼台灣就不可能缺席。台灣可能不會是站在台灣的位置，而是透過中國的勢力，把我們的口味及創意產業帶進世界。但我們也無需自卑，中國的確是地大人多，現在中國風已讓歐洲人開始在手臂刺上中文字，且慢慢嘗試學習品嚐烏龍茶、學習中文。他們若能透過中國而認識台灣也很好。只是台灣在飽受中國衝擊的同時，該如何化危機為轉機呢？

我的德國老公很樂觀，他認為開放中國學生到台灣念書是很好的事，因為台灣的民主與自由，其實是中國政府最害怕的。如果無法阻擋中國學生到台灣來，那就正面看待。中國學生或許職業與宣傳性偏高，不過就像當年我們到美國留學去學習民主精神一樣，他們來到台灣也一定會發現有他們可以學習的地方，滲透是雙方面的，無需害怕匪諜，因為獨裁的牆才需膽顫。開放的潮流將帶領中國走到更開闊的路上，並影響中國的未來。若從這個角度來看，我們台灣對世界文明與民主的貢獻，其實是非常大而深切的，不是嗎？

憂心台灣

我接到一通來自台灣的電話，是我的母親打來的，她說：「台灣現在代誌大條了！」原來是馬英九整肅異己的行為，已讓台灣的老百姓人心惶惶，無所適從。年紀長一點的人開始擔心以前的白色恐怖會再回來嗎？如果同黨籍的國會議長都會被監聽了，更何況是老百姓更可以隨時遭到點名、逮捕不是嗎？過去的善良老百姓在白色恐怖時期，常莫名其妙地在人間蒸發，一被抓到就關上十年、二十年，甚至三十年的日子會不會重來？

台灣在解嚴後，人民才漸漸走出白色恐怖時期那近四十年的陰影，而解嚴後出生的新生代，至今也不過才二十多歲，他們在自由的空氣下長大，當看到這樣的監聽事件與總統惡整國會議長的政治案件時，會做何想法？如果沒有當年鄭南榕的自焚事件，台灣至今仍不會有百分之百的言論自由，這點大家可能早就忘記了。台灣人沒有珍惜這可貴的生命所換來的自由，仍然毫無顧慮地選出馬英九擔任總統，而且是一任不夠，竟還有第二任，且現在國民黨黨員更縱容他違憲擔任第三次黨主席，讓他為所欲為地亂搞鬥爭，引發台灣政局的動盪不安。

當德國友人聽到台灣民主社會選出來的總統，竟會以監聽資料作為企圖鬥垮同黨國會議長的消息時，都睜大眼睛感到震驚，但最後他們也僅能說：「他是你們自己高票選出來的，所以要自己負所有的責任。」想想當年，德國菁英們也是認為希特勒只是跳樑小丑，不覺得他會當選，但最後這個丑角竟然在大家的縱容下當選了，希特勒奪權後馬上在德國採取戒嚴政策，還有接下來一連串的屠殺行動，這都是當初德國人所始料未及的。德國著名的政論作家兼記者哈富爾（S. Haffner）在他剛從法學畢業的納粹時代裡，毅然決然地捨棄平步青雲的工作與仕途，選擇逃離德國。因為他認為希特勒第一個戰勝的不是別國，而是德國自己與德國人，這是德國人最大的恥辱與悲哀，現在在德國的台灣友人也只能用同樣的歷史脈絡提醒台灣，不去了解歷史，歷史將會重演，全世界都一樣。

性傾向與治國能力

在德國如果拿一個人的性傾向來做文章，是會被笑掉大牙的。德國有同性戀傾向的政治人物毫無避諱地出櫃，並與伴侶同進出參加重要的邀宴已不算鮮事。其中最有名的是現任柏林市長克勞斯・沃維萊特（Klaus Wowereit），他是一位備受群眾歡迎的政治人物，當選市長以來已將柏林打造成友善同志的城市。現任德國外交部長基多・威斯特威勒（Guido Westerwelle）則攜伴出國訪視，毫無顧忌。現任巴黎市長伯特蘭・德拉諾（Bertrand Delanoe）也是同性戀，他當選市長以來大受歡迎，也被視為下任法國總統的可能候選人。

由此可看出，性傾向與所謂常人的異同，如果與治國有關，那麼以上的實例告訴我們同性傾向的政治人物與治國能力是正向的關係。而台灣女性過了適婚年齡而不婚，就被大男人社會視為不正常，並且非加以指指點點不可，且常會被問及性傾向，這實在是極大的性別歧視，也是對人性尊嚴的藐視。

性傾向要不要出櫃表態，是純粹個人的隱私。據統計同性戀者約占人口的十三％至二〇％，也就是人口的七分之一到五分之一，這樣龐大的族群人口長期被人以異類眼光看待，實在很不公平。同性戀者與異性戀者及雙性戀者，都是自由社會的常態，不論自己或家人有不同於多數人的性別認同與性傾向，都應該被社會接受，用個人性傾向來質疑對國家的忠誠度，更是讓人感到可笑。

寫於二〇一二年

台灣女性有夠衰

就在高雄一位女性議員以性別歧視的字眼，批評同為女性的高雄市代理市長葉菊蘭為禍水時，德國也於二〇〇五年出現了有史以來的第一位女總理——梅克爾（Merkel），她同時也是德國有史以來最年輕、首位來自過去東德的總理。她從政只有短短十五年，卻替又老又舊的保守黨——基民黨改頭換面了一番。今年的德國國會大選也打敗了具有群眾魅力的前任總理施若德，雖然在這之中有太多男人政治的權力鬥爭，但她以學物理出身的冷靜，戰勝了一切。

而台灣這個島，只會孤芳自賞，杜絕世外。現今MIT的品牌，在世界上代表信譽不錯的國際形象，但如果讓人知道台灣直轄市的議員有性別歧視，且大剌剌地在議會殿堂上質詢，不禁會讓人想要問，台灣社會是否還活在綁裹腳布的封建社會中？再看台灣的前副總統是女性，這原本是件值得驕傲的事，但她的一舉一動卻似乎被用放大鏡來檢視，只要她有一點動作就動輒得咎，在代理黨主席的事件上被黨內的同志，甚至被總統放話攻訐，就是最佳例證。

台灣男性政客所涉入的弊案與緋聞一籮筐，批評各黨黨務與時事時言詞犀利，但卻不見有任何性別取向的負面報導，而女性首長不涉弊案、形象清新，卻得不到半點掌聲，反而噓聲四起。台灣社會對男女雙方真的有平等的檢驗標準嗎？

憲法既然已賦予男女平等的權利，我們就不允許性別歧視的語言與用不同的標準來看待女性公眾人物。唯有我們自己不斷地提出反省，才能讓歧視不再有滋長的溫床，也才有可能因女性的清新形象，讓台灣的政治不再那麼腐臭。

德國大選給台灣的啟示

選後組閣大洗牌

德國在二〇一三年九月二十二日的大選後，遲遲無法確認下一任政府該由誰執政，因為德國最大執政黨基民黨（CDU）與基社黨（CSU）只得到四一・五%的選票，沒有過半，所以無法單獨執政。而過去與執政黨CDU長期合作的自由民主黨（FDP）則痛失民心，輸到只剩四・八%，進不了需要達到五%民意支持低標的國會。

分散右派選票的，還有一個披著反歐元與反歐盟糖衣的右派政黨「非另類德國黨（AfD）」(Alternative für Deutschland)，這個政黨二〇一三年二月才創黨，就在此次大選中狂掃四・七%的選票，在歐盟國家的經濟相繼如骨牌效應倒下時，反歐元的聲浪高漲，德國人不想再用自己的鈔票來救濟鄰國的想法，也精確地反應在這次選票上，且硬是把自由民主黨給拉了下來。這是自一九四九年來，自由民主黨第一次被踢出國會，可見極為保守且號稱守護德國利益的另類為德國黨第一次的選舉就有四・七%的選票，的確吸引了很多保守派人士的選票。

因此這次的組閣備受矚目，一場組閣大猜謎因此展開。一般民眾討論的大聯合政府就是黑（基民黨與基社黨）紅（社民黨）配，這樣的組合有六七・二%的選民支持，不過這也形同和稀泥，因為大多數人所支持的政黨都執政，但卻只有三三%的人監督。這個組合在四年前也曾有過，但當時社民黨黨員並不滿意，他們反對的原因是，組大聯合政府等於是在為基民黨背書，而社民黨（SPD）將會因此失去地方選舉的選票。這個考慮是有其根據的，因為德國中央國會議員選票與地方議會選票常會有互補的情況，也就是說選民選舉中央國會議員後，通常會於地方選舉做制衡性地支持另一個政黨。

綠黨曾經於二〇〇五年與社民黨一起組閣執政七年，這次再次勇於向黑派的基民黨喊話挑戰共同組閣，但雙方在農業與動物保護政策談不攏的情況下，只好分道揚鑣，不過雙方都保持君子風度，誠摯希望未來還有共同組閣的機會。而由紅紅綠，也就是現今的反對黨組合來組閣也是有可能的，紅紅綠即是社民黨、「左黨」（die Linke）及綠黨。但這個組合之所以不被看好，是因為綠黨與左黨的得票率都比上次少二%～三%，面對如此結果，小黨選後沒有勝利的欣喜，何來執政的氣勢？更何況社民黨與左黨過去是同黨的兄弟分裂出去的，分裂後因兄弟意見分歧而使得雙方留有許多情緒。社民黨更放話嗆聲無法再與左黨一起執政，似乎也注定跨黨合作已不可能，這也證實了要和分裂的自己人合作比與不同理念的外人更難。

其實這三個小黨如果願意合作，他們的選票加起來還多過基民黨九票，擁有絕對的多數，確實可以全面過半執政，但前提是這三個黨要願意合作。這樣不但可以執政，也符合過半左邊偏綠的選民的期望，但是社民黨不願遷就左黨的情緒性發言，再加上小黨又沉迷於互相討伐的氛圍中，使得他們早已喪失共同執政的士氣。

第二票的政黨力量

德國在經過多年的選舉改革後，政黨政治的制度已確立。兩票制的第二票選舉結果將決定國會席次的分配比率，而這個制度也奠定了德國政黨政治的基礎。每次選舉結果比率的不同，也會影響席次的增減，不分區議員是由政黨比率填補得出。德國的政黨想要進入國會，必須要達到最低五%的政黨得票。執政黨基民黨與基社黨在這次選舉中比過去多了七・七%，等於贏回了選民的支持，但卻面臨不能執政的窘境，就是因為他們失去長久共同合作的自由民主黨。而左派的三黨如果合作，雖是最大聯合執政黨聯盟也有過半優勢，但彼此關係破裂，最後也不可能由左派三黨聯合執政。社民黨這次大選也增加了二・七%的選票，雖然擁有二五・七%的選票，如果不與基民／基社黨妥協，國家主導權也不會在社民黨手中。

德國聯合內閣的組閣協商條文必須明文列入執政契約中，如果大黨欺騙小黨，小黨就會因為擁有執政權但卻坐領乾薪而失信於民，這將使小黨的政治信譽嚴重受損。小黨的信譽若被搞糟了，則隨時都會被全民淘汰，命運就如同該年的自由民主黨一樣一腳被踢出國會。政治靠的是實力，這句話真是一點也沒錯。

以台灣上屆立委選舉來看，國民黨的得票率沒有過半。國民黨得票率四成八，拿到六十四席次，民進黨得票率四成三，卻只有四十席，二〇一三年德國執政黨基民黨的得票率四一・五％，但基民黨還需要找另一個政黨才能組閣，而國民黨不需要，像這樣支持率沒有過半卻能夠權力一把抓，讓其他過半的民意被阻絕於外，實在荒謬！而沒有過半的支持率，卻有過半的五七％的民意席次，這其實已經完全背離了依循多數民意的民主制度的設計。執政者沒有擁有過半的民意，卻無需組聯合內閣，這等於便宜了相對的大黨，卻無法反應大部分的民意。民主國家裡當然還是會有各種爭議議題，但問題是如何尋求一種大家都認同的共識，這才叫尊重民意，否則就是霸凌民意。即便德國素來就是內閣制的民主運作方式，但也仍然不斷尋求真正能反應民意的依循，讓政黨政治能穩定運行，以符合趨於多樣化的政黨民意。台灣的選舉制度剛訂定沒有多久，試用幾次後發現不能完全反應民意時，就應該尋求改善。台灣人民的民主素養雖已有雛型，然而政治選舉制度卻無法反應民意，人民只好再度使力，用更大的力量，以削減箝制民意的相對最大黨的實力，讓真實反應民意的目標可能展現。

看德國解決杯葛問題，想台灣

周末德國的公公與我們聊天時，提到他肯定布希公開讚揚台灣的民主。在德國，我每天都會收看台灣的新聞，看到在野黨杯葛法案的情形很嚴重，常為了不滿某部會就把許多預算全刪了，我總覺得台灣也許有民主卻欠缺法治。德國二〇〇五年的政治很另類，因為他們也遇到了類似台灣的在野黨嚴重杯葛的問題，導致許多需要立即改革的政策根本無法執行。德國總理施若德為了不讓在野黨無理杯葛影響改革，他乾脆自我倒閣，讓國會選舉提前一年舉行。姑且不論他的動機如何，但我認為他願意少做一年總理，而提前讓民眾表態支持什麼樣的政策，讓國家運作不因政黨之爭而空轉，光就這一點他就堪稱是個有節操的政治人物了。

以現狀來說，其實他和共同聯合執政的綠黨在國會是些微過半，只是德國的法案除了需要國會通過外，還要有另一個由地方政府首長所組成的行政機構Bundesrat同意才行。而近年來現任總理的改革影響到許多人的利益，許多民眾無法接受國家的節約改革，在各邦選舉時，民眾選擇在野黨來抵制執政黨的情勢愈來愈激烈，最後執政黨在執政超過二十年以上的北萊茵河邦失勢後，施若德為避免在野黨的無理杯葛，故在北萊茵河邦敗選後當日即宣布提前一年改選國會。

他的這項決定，讓在野黨也很震驚，但仍普遍得到正面的肯定。在技術上，他採取不信任投票來自我倒閣，請總統宣布不信任投票成功，讓國會提前大選。在此過程中有些國會議員並不贊同，甚至聲請大法官釋憲。但因時勢所趨，朝野兩黨在有提前的選舉共識下，全國就在短短的三個月內完成了最激烈的選戰。在這次的國會選舉中，首度出現了抵制執政的社民黨的左派政體——左黨，它是德國反對施若德朝向中間改革路線而與過去東德的執政黨所結合的左派政體。

九月大選後，結果在野的基民黨與基社黨的聯合政體（CDU／CSU）也沒有得到真正的勝利，他們只小贏執政的社民黨一個百分點。在過去的大選中，一個大黨與一個小黨的聯合政體會在選前就向民眾宣布將會聯合執政的政見，因為他們的得票率幾乎都可過半。而這次選舉卻跌破專家的眼鏡，出現了一個大黨如果只和一個小黨合作得票率無法過半的局面，造成政府無法穩定執政的窘境。而比執政黨多拿一個百分比的在野黨與先前找的自由民主黨共同得票率無法過半時，就曾想與綠黨協商一起執政，但綠黨在政黨協商無法得到共識下，便退出下任的執政團隊。而自由民主黨也堅持並表態不可能與現在的執政黨社民黨合作，而今年抵制執政黨的左派政體雖拿到比綠黨更多的票，卻堅持不加入執政團隊。最後僅剩一個可能，就是兩大政黨大聯合，套句台灣的說法就是政治大和解。

此兩大黨一起執政的情況，據說已有三十九年沒有出現過了。而且德國的聯合執政宣言是要在政黨協商時簽訂，如果雙方沒有共識就不能聯合執政，這點也可以避免雙方背信毀約，一切都公開且透明化，人民自可判斷他們的利益是否受到把關。同時，當聯合執政的雙方對政策的實施有所不滿時，也可用協商時的合約為自己的施政辯護，才不會導致雙方在模糊地帶互相抹黑與對失敗的政策推諉責任。也正因為有政黨協商的機制，因此現在的執政黨社民黨雖可繼續執政，但現任總理施若德必須下台，而由得票率多一個百分點的女黨魁梅克爾（Merkel）接任總理，而這也創下了德國史上第一位女總理的新史。雖然施若德對總理職務愛得要命，他在大選完當日還誇下海口說他要繼續做總理，理由是社民黨仍是全國最大黨，因為多拿一個百分比的基民黨／基社黨是兩個政黨的聯合。當晚聽到施若德講此話的社民黨忠實支持者，也因為他的狂妄發言而批評他的臉皮真夠厚的。德國的政黨政治不允許個人意志操弄可見一斑。

台灣的政治體制與德國不同，在二〇〇〇至二〇〇八年民進黨陳水扁當總統時期，朝小野大，立委杯葛議事是可以想見的事。真正民主的台灣，是政治人物必須要認知到立委就是人民利益的代言人，即便是總統也要尊重國會，不可逆向操作。

以國會閣員多寡而言，當年民進黨立委人數沒有過半，當然無法穩定執政，如果台灣的總統能放眼國家利益，尊重人民的意見，兩黨協商讓國民黨的人當行政院長，按政黨得票比例任命內閣首長。而總統既然是民進黨籍，則代表國家統治地位的相關職務，如外交與對中國政策等理應由民進黨閣員擔當，才能在國際上代表民進黨的政策；而國民黨則主內政。以此方式共治，才是真正把台灣人民的聲音當一回事，即使各政黨有不同的意見，也應找出各方的最大公約數，才能顯見台灣總統的智慧以及為台灣人的利益而努力，而非因國會結構的問題，讓國會空轉，黨派內耗，嚴重損失國家利益。

德國腳遊台灣——德國豬腳v.s.蚵仔麵線

德國豬腳四平八穩地趴在眼前，無法令人懷疑。德國豬腳人來到台灣，第一次遇到軟趴趴的蚵仔麵線，他感到有點震驚，心裡怦怦亂跳，不知這是啥東西？啥口味？是甜？是酸？是鹹？他心中充滿五味雜陳、亂七八糟的想像。我在點菜時已解釋過蚵仔，他對蚵仔倒是不曾懷疑。只是那個白白的、有點微捲的東西，沉潛在淺咖啡色的麵線中的水管是啥？水管？喔，那是大腸！好嫩、好Q的大腸！大腸被想像成一條橡皮水管，真令我感到無可奈何。蚵仔就是蠔，法國人很習慣生吃生蠔，但來到德國豬腳人的胃中，就好像是在折磨他們一樣。德國國土大多不靠海，所以德國人不習慣吃海鮮，對於我們台灣人對海鮮的偏愛，他們只能遠觀而不敢褻玩。雖然德國豬腳人拍了張蚵仔麵線的照片後，不說二話地吃完了讓他感覺很不是滋味的水管麵線，但他的臉上可是一點也沒有美味的感覺。

後來在回家的路上，他小心翼翼地問我，那我們剛剛吃的那透明的東西又是什麼？透明、軟軟的一團，他的想像又開始了無邊際、雲遊四海去了。最後他很狐疑地透露了他的猜測：是水母吧！你們不是什麼都吃的嗎？我想了半天，我們剛剛有吃什麼海鮮嗎？自從他老兄說大腸像水管，我就不點讓人覺得浪費美味的海鮮了，那麼他把什麼想成水母呢？我沿著今天的行程一路想，東想西想怎麼也想不出有什麼像水母的東西。啊！是九份的紅麴肉圓！能把肉圓誤以為是水母，也真有他的，他的想像讓我每天都有新的挑戰。

他說，他最愛原味蛋餅，忠實最初口味的他，讓蛋餅成了他最愛的早餐。

慕尼黑台灣之美文化周末

二〇一〇年十一月十二日～十四日在德國慕尼黑所舉辦的台灣之美文化活動，於品味高尚、布置精美的福福茶館舉行，在這個地點舉辦這樣的活動更能凸顯台灣文化真善美的特色。福福茶館是台灣人蔡珮真新開的茶館，茶館中的烏龍茶，皆是台灣原裝進口，本業為設計師的蔡珮真，將這間茶館陳設得典雅脫俗，彷彿穿梭於現代與傳統之間。福福茶館在德國慕尼黑已然成了台灣品牌的最佳代言櫥窗。

三場書法Workshop研習包括甲骨文、行書與草書，參加者中台灣與國際人士參半。研習內容從六千年前甲骨文的來由；到尋求美與狂野的精神奔放；在書寫中揮灑個人的創作力、展現個人特質的筆墨，再加上鄭進發書法大師耐心地以中、德文講解，讓書法展現最親人的特質。與會的人士無需學過漢文，就能揮灑漢字，是參與者最感喜悅、歡欣之處。其中草書的演講引起了國際人士的注目，因為經歷數千年歷史的文字，由創字的實用性到追求獨創、直觀、真情流露，草書的出現，使得文字不再僅於溝通而是美與創作的藝術，與會者看見鄭進發大師的瞬間揮毫，其筆在意先的境界，宛如進入無人之境界，令人讚嘆！

襯着清雅的古箏樂聲，福福茶館的女主人蔡珮真為本次活動講解台灣茶道、茶席的布置、茶品與茶器的選用，以及主題的設定。她的舉手投足如行雲流水般讓人陶醉滿足，沸水緩緩地注入蓋碗中，空氣中飄出來自阿里山的高山茶清香。大夥品嘗阿里山的秋茶時，彷彿置身於霧氣繚繞的阿里山上，這無疑是場視覺、聽覺、味覺與心靈的饗宴，在場的德國人無不深深讚嘆台灣茶道美學之閒適隱逸精神。

鄭吉娜主講的烏龍茶，是以德國的觀點來闡述台灣東方美人茶，她先示範講解，並讓大家聞香品茗，讓在場的國際人士更懂得如何品嘗台灣茶。身為台灣媳婦的德國女子鄭吉娜，用茶與德國母語與在地人結緣，更拉近了彼此的距離，文化的融合因此不可言喻。

古樂演奏是由書法大師鄭進發以書法的直觀精神演奏直觀式琵琶，大師雙眼闔閉，神情入定地彈奏，琵琶與人合而為一，飛花點翠與青蓮樂府的樂章帶人進入忘我的境界。隨後鄭吉娜的古箏演奏，平沙落雁與蕉窗夜雨也讓大家為之驚嘆，品味音樂之美原來可以不分國界。

世界著名的台灣音樂家蕭泰然所創作之《台灣頌》，在提琴演奏家高瓊鈴女士的獨奏中，呈現出台灣青山綠水的流暢，不但抒懷傷感也撫慰人心。精湛的小提琴演奏，完整呈現了台灣的真音與真性情。而安可曲演奏的是高山青及燒肉粽，現場配合著我們所喝的阿里山珠露茶並品嘗台灣協會志工所製新鮮台灣肉粽，更是讓人溫馨滿懷！

慕尼黑音樂人張少華與女兒張書婷所帶來的是吉他歌曲演唱，父女倆合唱《高山青》、《橄欖樹》等曲，皆充分撫慰了台灣鄉親想家的心情。其中張少華的《赤壁賦》吟詩，更是令人忘情自在，彷彿神遊古人仙境。

原住民導演馬躍比吼的紀錄片「親愛的米酒」也讓大家看得津津有味、笑聲連連，讓僑民與在地人對原住民的傳統習俗及社會制度有初步的認識。

這次由德國台灣協會中南區所舉辦的文化活動，以書香結合書法與茶香，把台灣的生活文化之精采展現到最高點，大夥兒以茶結緣、揮毫見真情、聆聽台灣樂曲與詩歌，藉由豐富多樣的節目內容，展現出台灣的多元文化與創造力。「愛上台灣」，正是大家滿心飽飽的感受。

▲▼在慕尼黑舉辦的書法研習活動。（德國台灣協會資料提供）

海外中國風，台灣文化夯
與中國相較，台灣要靠文化軟實力打贏外交勝仗

得知台灣阿美族將遠征紐約宣揚文化，但欠缺機票錢，我對此深感心疼！旅居海外多年，近年來從事台灣文化推廣工作後，我才知道台灣的文化在海外是最被景仰與推崇的。尤其現今中國強大以後，海外有很多人都非常想了解亞洲文化，而台灣的文化體質本來就比中國強，只是國人常常自信心不足、自我唾棄，而可提供補助經費的相關單位也不認為在海外宣傳台灣文化有什麼重要性，因此經費的補助總是嚴重缺乏，致使想要到海外為國爭光的文化團體常常因經費窘迫，而落得需要到處乞求捐款，這真是情何以堪。

自二〇〇八年來，我們這群文化志工在德國所推廣的文化中，包括狂草書法家鄭進發的示範表演與研習、王薔媚的現代舞蹈藝術、吳森吉的掌中戲、周孟霖、蔡珮真與鄭吉娜等人的茶道、太極、台灣音樂演奏、電影、美食，一直到二〇一一年邀請台南市的「麻豆十二婆姐表演藝術」團隊的新生代舞蹈團與武術專人參加海外節慶演出，都得到非常大與正面的回應及掌聲，並且多次得到當地主流媒體的報導及國內媒體報導，許多當地觀眾對台灣各方面所呈現出來的文化表演都嘆為觀止，每一場表演所得到的熱烈掌聲與讚美，正是我們推廣台灣文化最大的動力來源。

海外人士甚至感佩地說：我們所帶來的舞蹈是送給他們的城市最棒的禮物。而去年麻豆十二婆姐表演藝術團隊來德國參加茵果市的文化節慶時，德國文化局局長更是親口多次告訴我們，台灣的表演節目非常優質與精采，茵果市非常歡迎台灣的表演團隊前來表演，並希望每年都能有榮幸邀請台灣表演團體來參加文化節，因為台灣的表演團體能來是茵果市的榮耀。

德國為展現誠意，今年還特別增加經費補助全團九個人四個晚上的全額住宿費用，由此更可看出台灣文化在海外深受喜愛的程度，這點絕對超過文化大革命之後就沒有文化遺產且財大氣粗的中國。二〇一二年四月二十二日在茵果市舉辦的茶道與小提琴聯合藝術演出更是報名爆滿，座無虛席，當地媒體還以大半版面的頭版頭條來處理這則新聞。身為海外文化志工，我深深感覺到台灣文化的潛力無窮。

在海外也可以看到中國政府所設立的孔子學院[7]這股亞洲風，他們除了推廣漢語外，也開始搶文化人才，有些台灣文化菁英透露，中國已非常惜才地聘請台灣文化人去推廣中華文化。如果台灣政府再不保護、愛惜自己具有優勢的文化人資產，我們可以預見台灣多年來建立的文化優勢資產也將被中國搶走，用以補足他們在文化大革命時失掉的文化，屆時在海外看到台灣人替中國宣揚中華文化，應該也是可預期會發生的事。

注7／孔子學院係中國在海外設立，用以推廣中華文化的機構。

▶賀春桂女士在茵果市文化節指導小朋友做捏麵人。（德國台灣協會／提供）

◀二〇一三年協會邀請前新聞局局長蘇正平與漫畫家林莉菁對談。

德國台灣協會活動集錦

書法研習（德國台灣協會與蔡珮真／提供）

teilbüro

台灣茶館

捏麵人與畫糖（蔡珮真／提供）

新生代舞蹈團

王薔媚的太極舞蹈與鄭進發的狂草書法示範表演

媒體報導

Monsun über dem taiwanesischen Teehaus

Internationales Kulturfest auf dem Rathausplatz: Tolle Stimmung trotz Wolkenbrüchen

Von Susanne Schattenhofer

Die Welt ist bunt: So lautete am Samstag das Motto beim Kulturfest auf dem Rathausplatz. Charlie Kornprobst von der Schanzer Danzbod'n Musik und Elenma Stevanoska von der serbischen Folkloregruppe am Stand mit thailändischen Spezialitäten. Foto: Rössle

aiwanesisches Teehaus: Meng-Lin Chou aus Zürich zeigt die Zube- ...tung des Olong-Tees. Foto: Schattenhofer

Farbenprächtige Kostüme trugen die Kinder von der alevitischen Folkloregruppe bei ihrem Auftritt. Foto: Rössle

BADISCHES TAGBLATT / NR. 129 BÜHLOT-ACHER-KURIER

OB: „Bühl ist eine weltoffene Stadt mit Herz"

Fest der Kulturen im Bürgerhaus anlässlich der Heimattage Baden-Württemberg / Bauchtanz ganz ohne Bauch

Von Martina Fuß

Vier Grazien aus Taiwan schweben anmutig über die Bürgerhaus-Bühne. Foto: Fuß

借鏡德國：一個台灣人的日耳曼觀察筆記

作　者　劉威良
企畫選書／責任編輯　陳妍妏
協力編輯　蔡怡君
美術編輯／封面設計　劉曜徵
專業校對　魏秋綢
行銷企畫　張芝瑜
總 編 輯　謝宜英
出版助理　林智萱
出 版 者　貓頭鷹出版
發 行 人　凃玉雲
發　　行　英屬蓋曼群島商家庭傳媒股份有限公司城邦分公司
104台北市民生東路二段141號2樓
劃撥帳號：19863813；戶名：書虫股份有限公司
城邦讀書花園：www.cite.com.tw 購書服務信箱：service@readingclub.com.tw
購書服務專線：02-25007718～9（週一至週五上午09:30-12:00；下午13:30-17:00）
24小時傳真專線：02-25001990；25001991
香港發行所　城邦（香港）出版集團／電話：852-25086231／傳真：852-25789337
馬新發行所　城邦（馬新）出版集團／電話：603-90578822／傳真：603-90576622
印 製 廠　五洲彩色製版印刷股份有限公司
初　　版　2014年8月　一版七刷2016年4月
定　　價　新台幣380元／港幣127元
ISBN　978-986-262-217-9

讀者意見信箱　owl@cph.com.tw
貓頭鷹知識網　http://www.owls.tw
歡迎上網訂購；大量團購請洽專線 (02)2500-7696轉2729、2725

國家圖書館出版品預行編目 (CIP) 資料

借鏡德國：一個臺灣人的日耳曼觀察筆記 / 劉威良著. -- 初版. -- 臺北市：貓頭鷹出版：家庭傳媒城邦分公司發行, 2014.08
面；　公分
ISBN 978-986-262-217-9(平裝)

1. 概況 2. 德國

743　　103014135